Inhaltsübersicht

Lektion	Übungstitel	Übungstyp	Inhaltliche Schwerpunkte	Datum	Seite
L 1 A	Les vacances Verbtraining	Tandembogen Auto-contrôle	Inhalt und Vokabular L 1 A *Imparfait*		3 4
L 1 B	Drehscheibenhalter Alors, raconte …	Bastelanleitung Disque tournant	*Mise en relief* mit *C'est, ce sont*		5 6
L 1 C	Trouver le bon mot	Vokabelkarten	Vokabular von L 1 A - C		7
L 2 A	Qu'est-ce que tu feras après le collège?	Partnerbogen	*Futur simple*		8
L 2 B	Des activités plus ou moins intéressantes	Tandembogen	Steigerung des Adjektivs und Vergleich		9
L 2 C	On parle de «tout» La BD - les CD - la télé	Disque tournant Kreuzworträtsel	Indefiniter Begleiter *tout* Vokabular von L 2 A - C		10 11
L 3 A	A ta place, je ferais …	Tandembogen	*Conditionnel* bezogen auf Vorgabe von Alternativen		12
L 3 B	Si j'avais su … Comment parler de ses sentiments? S'ils étaient différents …	Tandembogen Frage-Antwort-Karten Tandembogen	*Conditionnel passé* und *Plus-que-parfait* Redemittel zum Ausdruck persönlicher Gefühle Irreale Bedingungssätze; Vok. zur Charakterisierung von Personen		13 14 15
L 4 A	Une fille bizarre …	Tandembogen	Verneinung		16
L 4 B	Vous faites un voyage?	Disque tournant	Infinitivsätze mit *après, avant de … pour, sans*		17
L 4 C	Trouver un job, ce n'est pas facile … Les métiers	Tandembogen Frage-Antwort-Karten	Indefinite Begleiter/indefinite Pronomen Berufe erraten		18 19
L 5 A	Les voyageurs du TGV Interviews Des noms dont tu te souviens	Tandembogen Tandembogen Tandembogen	Inhalt und Vokabular von L 5 A Adverb oder Adjektiv Relativpronomen *qui, que, où, dont*; Personen erraten		20 21 22
L 5 B	Dictée en ping-pong On mange au restaurant	Partnerdiktat Tandembogen	Orthographie des neuen Vokabulars Steigerung der Adverbien		23 24
L 6 B	Dans les calanques Donner son avis Verbtraining Temps et modes Elle a dit que …	Puzzle Tandembogen Auto-contrôle Frage-Antwort-Karten Tandembogen	Präpositionen und Relativpronomen, Textarbeit Redemittel zur Meinungsäußerung Zeiten und Modi neuer Verben Zeiten und Modi übersetzen Zeitenfolge in der indirekten Rede		25 26 27 28 29
UM 1 A	Un peu d'histoire	Auto-contrôle	Demonstrativpronomen		30
UM 1 B	A la gare de Dax Parle-lui-en!	Tandembogen Disque tournant	zwei Objektpronomen im Satz; Adverbialpronomen Zwei Objektpronomen beim Imperativ		31 32
UM 2 B	Faire faire ou laisser faire?	Disque tournant	*faire faire* und *laisser faire*		33
UM 3 A	Lequel?	Disque tournant	Interrogativpronomen *lequel, laquelle, duquel, auquel …*		34
UM 3 B	Vous voulez vraiment que … Comment passer ses vacances?	Frage-Antwort-Karte Tandembogen	*Subjonctif* von regelmäßigen und unregelmäßigen Verben *Gérondif*		35 36
UM 4 A	Un voyage au Futuroscope Soyez tranquilles!	Auto-contrôle Tandembogen	Die absolute Fragestellung *Imperatif* von *être, avoir, vouloir, savoir …*		37 38
UM 4 B	Tout ce qui a été inventé	Tandembogen	*Passif*; Vokabular von UM 4 B		39
	Lösungen				40

Vorwort

Liebe Lehrerin, lieber Lehrer,

sich in einer Fremdsprache sicher und wohl zu fühlen, erfordert ein kontinuierliches Training der wichtigsten Strukturen der entsprechenden Fremdsprache. Zu diesem Zweck bietet *Face à Face 2* zahlreiche Übungen an, die genau zu den Lektionen von *Découvertes-Cours Intensif 2* passen.

In **Einzel-** oder **Partnerarbeit** können die Schülerinnen und Schüler alle grammatikalischen Strukturen, die in *Découvertes-Cours Intensif 2* eingeführt werden, wichtiges Lektionsvokabular, Redewendungen, Gesprächssituationen und Textinhalte der einzelnen Lektionen und Module üben und wiederholen.

Grundlegendes Prinzip aller Übungen ist die möglichst **selbstständige** und **aktive** Auseinandersetzung der Schülerinnen und Schüler mit dem jeweiligen Lernstoff. Die Arbeitsanweisungen zu den einzelnen Übungen sind in deutscher Sprache abgefasst, um den Schülerinnen und Schülern einen raschen Einstieg in die Übungen zu ermöglichen. Alle Übungen enthalten Lösungsvorschläge, damit die Schülerinnen und Schüler sich selbst bzw. gegenseitig kontrollieren können.

Die Lehrerin/der Lehrer übernimmt beim Einsatz von *Face à Face* eine vorwiegend beratende Funktion. Je nach Zeitplan und Schülerniveau bestimmt sie/er, wann und wo welche Übung am besten durchgenommen werden kann. Sie/er kopiert die Vorlagen aus diesem Heft, verteilt sie an die Schülerinnen und Schüler und zieht sich aus dem aktiven Unterrichtsgeschehen zurück.

Da sprachliche Kommunikation immer ein interaktiver Prozess ist, sind die Übungen vorwiegend als Partnerübungen konzipiert, können aber grundsätzlich auch in Einzelarbeit durchgeführt werden. Vor allem im Hinblick auf Klassenarbeiten können die meisten Übungen auch allein und schriftlich durchgeführt werden.

Um die unterschiedlichen Aufgaben richtig durchzuführen, sollten die Schülerinnen und Schüler die Übungsanleitungen gründlich durchlesen.

Viel Vergnügen und Erfolg mit dem 2. Heft von *Face à Face* zu *Découvertes-Cours intensif* wünscht Ihnen

Ihr *Face à Face*-Team.

nom:　　　　　　　　　　　　　　classe:　　　　date:　　　　　　　　　　　L 1 A

Tandembogen: Les vacances

Übt zu zweit.
1. Entscheidet zunächst, wer mit der **A-Seite** und wer mit der **B-Seite** übt.
2. Lest euch gemeinsam die ersten Beispiele durch, um den Ablauf der Übung zu verstehen.
   Bei der Beantwortung der Fragen müsst ihr aus der Sicht der jeweiligen Person antworten.
3. Faltet den Bogen entlang der senkrechten Mittellinie.
4. Kontrolliert euch gegenseitig mithilfe der Lösungen in Klammern.
5. Wechselt die Rollen nach einem Durchgang.

Ⓐ	Ⓑ
	– Pourquoi est-ce que tu n'es pas parti cette année? (Parce que je voulais passer le code pour faire de la conduite accompagnée.) – Qu'est-ce que tu as fait pour gagner de l'argent? (J'ai travaillé dans l'usine où mon père travaille.) – Quand est-ce que tu te levais le matin? (Je me levais à six heures.) – Et le soir, tu sortais? (Non, j'étais trop fatigué.)
– Où est-ce que tu as été en juillet? (J'ai été aux Francofolies de La Rochelle avec mes parents.) – Qui est-ce que tu as vu sur scène? (Johnny Halliday et Tonton David.) – Pourquoi est-ce que tu as travaillé à la pharmacie après? (Parce que je veux m'acheter un scooter/être indépendante.) – Où est-ce que tu as passé les dernières semaines des vacances? (Chez ma grand-mère qui vit à la campagne.)	
	– Où est-ce que tu as travaillé pendant les vacances? (J'ai travaillé dans une colonie de vacances.) – Pourquoi est-ce que tu n'as pas travaillé comme monitrice? (Parce que je n'avais pas encore dix-huit ans.) – Qu'est-ce que tu devais faire dans la colonie? (Je devais travailler dans la cuisine.) – Qu'est-ce que tu as fait avec l'argent que tu as gagné? (Je suis partie en Italie avec un groupe de jeunes.) – Et qu'est-ce que vous avez fait en Italie? (Nous avons fait des randonnées et nous avons visité des villes/Sienne et Florence.)
– C'est une belle photo. C'est où? (C'est Hossegor, sur la côte atlantique.) – Tu y étais seule? (Non, j'y étais avec mes parents et j'ai retrouvé des copains de l'année dernière.) – Et qu'est-ce que tu as fait comme sport? (J'ai fait/je me suis mise à faire du surf avec des copains.) – Mais tu as été aussi en Autriche. Qu'est-ce que tu y as fait? (J'ai fait un séjour linguistique.)	

Klettbuch 522395 Découvertes–Cours Intensif, Face à Face 2. © Ernst Klett Verlag GmbH, Stuttgart 2000.
Von diesen Vorlagen ist die Vervielfältigung für den eigenen Unterrichtsgebrauch gestattet. Die Kopiergebühren sind abgegolten.

L 1 A   nom: classe: date:

Auto-contrôle: Verbtraining als Folientraining

Hinweis für die Unterrichtenden!
Das Raster mit den Verb-Paradigmata wird auf Folie kopiert und über OHP an die Projektionswand geworfen. Die Schüler der gesamten Lerngruppe arbeiten daraufhin gleichzeitig. Diese Übung kann mehrfach wiederholt werden und eignet sich auch sehr gut zum „Aufwärmen" zu Beginn der Stunde.

Übt zu zweit.
1. **Erster Durchgang:** Partner A setzt sich mit dem Rücken zur Folie. Partner B schaut auf die Folie, um kontrollieren zu können, ob Partner A die richtigen **Verbformen** nennt.
2. Partner B nennt ein Verb und ein Pronomen, z. B. „avoir – vous". Partner A nennt daraufhin die Verbform im Imparfait, also „vous aviez".
3. Danach gibt Partner B entweder ein anderes Pronomen (z. B. „tu" = „tu avais") oder ein anderes Verb (z. B. „faire" = „vous faisiez") an. Partner A antwortet darauf mit der jeweiligen Verbform.
4. Nach zehn Verbformen wechseln die Partner die Plätze und die Rollen.
5. In einem **zweiten Durchgang** nennt Partner B wieder Verb und Person, Partner A **bildet einen Satz**, der das Verb in der entsprechenden Form enthalten muss.
   Beispiel: écrire   –   elle   **Elle écrivait** quand je suis arrivé.
   finir   –   nous   Le soir, **nous finissions** à 18 heures.

------------------------------- *(Hier den oberen Abschnitt abknicken.)* -------------------------------

	réfléchir *nachdenken*	**avoir** *haben*	**sortir** *ausgehen*	**finir** qc *etw. beenden*	**attendre** qn/qc *auf jdn./etw. warten*
je/j'	réfléchissais	avais	sortais	finissais	attendais
tu	réfléchissais	avais	sortais	finissais	attendais
il/elle/on	réfléchissait	avait	sortait	finissait	attendait
nous	réfléchissions	avions	sortions	finissions	attendions
vous	réfléchissiez	aviez	sortiez	finissiez	attendiez
ils/elles	réfléchissaient	avaient	sortaient	finissaient	attendaient

	faire qc *etw. machen*	**partir** *weggehen*	**venir** *kommen*	**être** *sein*	**prendre** qc *etw. nehmen*
je/j'	faisais	partais	venais	étais	prenais
tu	faisais	partais	venais	étais	prenais
il/elle/on	faisait	partait	venait	était	prenait
nous	faisions	partions	venions	étions	prenions
vous	faisiez	partiez	veniez	étiez	preniez
ils/elles	faisaient	partaient	venaient	étaient	prenaient

	pouvoir *können*	**aller** *gehen*	**vouloir** *wollen*	**tenir** qc *etw. halten*	**écrire** qc *etw. schreiben*
je/j'	pouvais	allais	voulais	tenais	écrivais
tu	pouvais	allais	voulais	tenais	écrivais
il/elle/on	pouvait	allait	voulait	tenait	écrivait
nous	pouvions	allions	voulions	tenions	écrivions
vous	pouviez	alliez	vouliez	teniez	écriviez
ils/elles	pouvaient	allaient	voulaient	tenaient	écrivaient

	voir qc *etw. sehen*	**devoir** faire qc *etw. tun müssen*	**savoir** qc *etw. wissen*	**dire** qc à qn *jdm. etw. sagen*	**lire** qc *etw. lesen*
je/j'	voyais	devais	savais	disais	lisais
tu	voyais	devais	savais	disais	lisais
il/elle/on	voyait	devait	savait	disait	lisait
nous	voyions	devions	savions	disions	lisions
vous	voyiez	deviez	saviez	disiez	lisiez
ils/elles	voyaient	devaient	savaient	disaient	lisaient

Tandembogen: Si j'avais su …

Übt zu zweit.
1. Entscheidet zunächst, wer mit der **A-Seite** und wer mit der **B-Seite** übt.
2. Lest euch gemeinsam das erste Beispiel durch, um den Ablauf der Übung zu verstehen.
3. Faltet den Bogen entlang der senkrechten Mittellinie.
4. **Partner A** (grau unterlegtes Feld) stellt die Frage und kontrolliert die Antwort mit Hilfe der Lösung in Klammern.
5. Dann antwortet **Partner B** auf die Frage, indem er „si-Sätze" mit Plus-que-parfait und Conditionnel passé bildet. Danach wechselt das Frage-Recht.
6. Wechselt die Rollen nach einem Durchgang.

Ⓐ	Ⓑ
– Tu as passé tes vacances sur la côte atlantique? (Non, je n'avais pas d'argent. Mais si mes parents m'avaient donné de l'argent, je serais parti(e) au Danemark.)	Non, je n'avais pas d'argent. (Mais — si — mes parents — me — donner — de l'argent — je — partir — au Danemark).
Non, je n'avais pas envie de partir. (Mais — si — avoir envie de — partir — je — partir — avec des copains)	– Et toi, tu es parti(e) avec tes parents à Hossegor? (Non, je n'avais pas envie de partir. Mais si j'avais eu envie de partir, je serais parti(e) avec des copains.)
– Alors, tu as acheté le scooter que tu voulais avoir? (Non. Mais si j'avais trouvé du boulot pendant les vacances, je l'aurais acheté.)	Non. (Mais — si — trouver — du boulot — pendant les vacances — je — le — acheter)
Non, Mélanie n'était pas là. (Si — elle — être — là — je — travailler)	– Tu as travaillé pour l'école? (Non, Mélanie n'était pas là. Si elle avait été là, j'aurais travaillé.)
– Tu vis seul(e) maintenant. Pourquoi tu n'es pas resté(e) chez tes parents? (Eh bien, si mes parents ne m'avaient pas critiqué(e) tout le temps, je serais resté(e) à la maison.)	(Eh bien, si — mes parents — ne … pas — me — critiquer — tout le temps — je — rester — à la maison)
(Oui, mais — si — mes parents — me — empêcher — de — faire — ce que — je voulais — je — partir)	– Et toi, tu es heureux/heureuse à la maison? (Oui, mais si mes parents m'avaient empêché(e) de faire ce que je voulais, je serais parti(e).)
– Et depuis que tu es parti(e), tu n'as jamais essayé de t'entendre avec tes parents? (Si, bien sûr. Mais ils étaient toujours furieux. S'ils avaient été plus gentils avec moi, je serais rentré(e) à la maison.)	Si, bien sûr. Mais ils étaient toujours furieux. (Si — ils — être — plus — gentils — avec — moi — je — rentrer — à la maison)

L 3 B nom: classe: date:

Frage-Antwort-Karten: Comment parler de ses sentiments?

1. Schneidet die Frage-Antwort-Karten aus und mischt sie mit der Schrift nach unten auf eurem Tisch.
2. **Partner A** zieht eine Karte, stellt **Partner B** die Frage und kontrolliert dessen Antwort mithilfe der Lösung in Klammern. Beantwortet er die Frage richtig, erhält er die Karte. Wenn nicht, zeigt ihm **Partner A** die Lösung und legt die Karte wieder unter den Stapel, damit sie zu einem späteren Zeitpunkt noch einmal bearbeitet werden kann.
3. Danach zieht **Partner B** seinerseits eine Karte und stellt die Frage an **Partner A**. Weiteres Vorgehen siehe oben.
4. Wenn alle Karten auf diese Art und Weise verteilt sind, können die Partner die von ihnen beantworteten Fragen noch einmal ihrem Partner stellen und dessen Antworten kontrollieren, so dass am Ende beide Partner alle Karten bearbeitet haben.

Du bist unglücklich. Was sagst du? (Je suis malheureux/malheureuse.)	**Du bist nicht mehr traurig. Was sagst du?** (Je ne suis plus triste.)
Du willst ausdrücken, dass du dich auf der Fete gelangweilt hast. Was sagst du? (Je me suis ennuyé/ennuyée à la fête.)	**Du willst ausdrücken, dass dein Freund/deine Freundin eifersüchtig auf dich ist. Was sagst du?** (Il est jaloux/Elle est jalouse de moi.)
Du willst ausdrücken, dass du dich sehr gut mit deinen Eltern verstehst. Was sagst du? (Je m'entends très bien avec mes parents.)	**Du willst ausdrücken, dass du keine Lust hast, mit Freunden auszugehen. Was sagst du?** (Je n'ai pas envie de sortir avec des copains.)
Du willst ausdrücken, dass du dich nicht schämst. Was sagst du? (Je n'ai pas honte.)	**Dein Vater geht dir auf die Nerven. Was sagst du über ihn?** (Mon père/Il m'énerve.)
Du willst ausdrücken, dass du die Nase von der Schule voll hast. Was sagst du? (J'en ai marre de l'école.)	**Du willst ausdrücken, dass du die Spaziergänge mit deinen Eltern hasst. Was sagst du?** (Je déteste les promenades avec mes parents.)
Du willst ausdrücken, dass du Tonton David sehr magst/bewunderst. Was sagst du? (J'adore Tonton David.)	**Du willst ausdrücken, dass du dich in ein Mädchen/einen Jungen verliebt hast. Was sagst du?** (Je suis tombé amoureux /tombée amoureuse d'une fille/d'un garçon.)
Du willst ausdrücken, dass der Film langweilig war. Was sagst du? (Le film était ennuyeux.)	**Du willst ausdrücken, dass du dich mit deinen Freunden gut amüsierst. Was sagst du?** (Je m'amuse bien avec mes copains.)
Du willst ausdrücken, dass Philippe blöd ist. Was sagst du? (Philippe est bête.)	**Du beschwerst dich, dass Janine sich über dich lustig macht. Was sagst du?** (Janine se moque de moi.)
Du willst ausdrücken, dass dir etwas Leid tut. Was sagst du? (Je suis désolé/désolée.)	**Du willst ausdrücken, dass du die Jungen/Mädchen in der Klasse enttäuschend findest. Was sagst du?** (Les garçons/filles de la classe me déçoivent.)

nom: classe: date: **L 3 B**

Tandembogen: S'ils étaient différents ...

Übt zu zweit.
1. Entscheidet zunächst, wer mit der **A-Seite** und wer mit der **B-Seite** übt.
2. Lest euch gemeinsam die ersten Beispiele durch, um den Ablauf der Übung zu verstehen.
3. Faltet den Bogen entlang der senkrechten Mittellinie.
4. Der Partner mit den grau unterlegten Feldern liest jeweils den Satz vor, sein Partner bildet mithilfe der Vorgaben einen „si-Satz". Achtet dabei auf das Tempus/den Modus und auf den Sinn des Satzes. Meist müsst ihr die Verneinung benutzen. Kontrolliert euch gegenseitig mithilfe der Lösungen in Klammern.
5. Wechselt die Rollen nach einem Durchgang.

Ⓐ	Ⓑ
Julie est timide. C'est pourquoi elle n'ose pas regarder Olivier. (Si Julie n'**était** pas timide, elle **oserait** regarder Olivier.)	Julie est timide. C'est pourquoi elle n'ose pas regarder Olivier. Si Julie n'... pas ..., elle ...
Gilbert parle tout le temps de lui. C'est pourquoi ses amis ne sortent plus avec lui. Si Gilbert ne ... pas ..., ses amis ...	Gilbert parle tout le temps de lui. C'est pourquoi ses amis ne sortent plus avec lui. (Si Gilbert ne **parlait** pas tout le temps de lui, ses amis **sortiraient** encore avec lui.)
Charlotte est une frimeuse. C'est pourquoi ses copains se moquent toujours d'elle. (Si Charlotte n'**était** pas une frimeuse, ses copains ne se **moqueraient** pas toujours d'elle.)	Charlotte est une frimeuse. C'est pourquoi ses copains se moquent toujours d'elle. Si Charlotte ..., ses copains ...
Sylvie est très ouverte. C'est pourquoi ses copains l'aiment beaucoup. Si Sylvie n'... , ses copains ne ...	Sylvie est très ouverte. C'est pourquoi ses copains l'aiment beaucoup. (Si Sylvie n'**était** pas très ouverte, ses copains ne l'**aimeraient** pas beaucoup.)
Sandrine critique toujours les autres. C'est pourquoi elle est souvent seule. (Si Sandrine ne **critiquait** pas toujours les autres, elle ne **serait** pas souvent seule.)	Sandrine critique toujours les autres. C'est pourquoi elle est souvent seule. Si Sandrine ne ..., elle ne ...
Yasmina est jalouse. C'est pourquoi elle se dispute tout le temps avec son ami. Si Yasmina ..., elle ne ...	Yasmina est jalouse. C'est pourquoi elle se dispute tout le temps avec son ami. (Si Yasmina n'**était** pas jalouse, elle ne se **disputerait** pas tout le temps avec son ami.)
Julien fait des bêtises pendant les cours. C'est pourquoi ses profs ne sont pas contents de lui. (Si Julien ne **faisait** pas de bêtises pendant les cours, ses profs **seraient** contents de lui.)	Julien fait des bêtises pendant les cours. C'est pourquoi ses profs ne sont pas contents de lui. Si Julien ..., ses profs ...
Caroline a mauvais caractère. C'est pourquoi elle n'a pas d'amis. Si Caroline ..., elle ...	Caroline a mauvais caractère. C'est pourquoi elle n'a pas d'amis. (Si Caroline n'**avait** pas mauvais caractère, elle **aurait** des amis.)
Pascal est très paresseux. C'est pourquoi ses parents le critiquent. (Si Pascal n'**était** pas très paresseux, ses parents ne le **critiqueraient** pas.)	Pascal est très paresseux. C'est pourquoi ses parents le critiquent. Si Pascal n' ..., ses parents ...
Florence ne sait pas que Luc l'aime. C'est pourquoi elle est triste. Si Florence ..., elle ne ...	Florence ne sait pas que Luc l'aime. C'est pourquoi elle est triste. (Si Florence **savait** que Luc l'aime, elle ne **serait** pas triste.)

L 4 A nom: classe: date:

Tandembogen: Une fille bizarre …

Übt zu zweit.
1. Entscheidet zunächst, wer mit der **A-Seite** und wer mit der **B-Seite** übt.
2. Faltet den Bogen entlang der senkrechten Mittellinie.
3. Partner A stellt die Fragen, Partner B antwortet auf die Fragen und verneint deren Inhalt.
   Die deutschen Hinweise in Klammern sollen eine Hilfe bei der Wahl der Verneinung sein.
4. Partner A kontrolliert mithilfe der Lösungen in Klammern.
5. Wechselt die Rollen nach einem Durchgang.

Ⓐ	Ⓑ
– Elle a des amis, Caroline? (Non, elle **n'a aucun** ami.)	Elle a des amis, Caroline? (keinen einzigen)
– Est-ce qu'elle a des frères ou des sœurs? (Non, elle **n'a ni** frères **ni** sœurs.)	… a des frères ou des sœurs? (weder … noch)
– Est-ce que quelqu'un sort avec elle? (Non, **personne ne** sort avec elle.)	… quelqu'un sort avec elle? (niemand)
– Mais en classe, elle parle aux autres élèves? (Non, elle **ne** parle **à personne**.)	… parle aux autres élèves? (mit niemand)
– Mais avec qui est-ce qu'elle s'entend? (Elle ne s'entend **avec personne**.)	… avec qui est-ce qu'elle s'entend? (mit niemand)
– Qu'est-ce qu'elle fait le week-end? (Elle **ne** fait **rien**.)	… fait le week-end? (nichts)
– Elle ne va pas au cinéma? (Non, elle **n'**y va **jamais**/**ne** va **jamais** au cinéma.)	… ne va pas au cinéma? (nie)
– Est-ce qu'elle aime le sport ou la musique? (Elle **n'**aime **ni** le sport **ni** la musique.)	… aime le sport ou la musique? (weder … noch)
– Est-ce qu'elle aime la danse? (Elle **n'**aime **pas** la danse **non plus**.)	… aime la danse? (auch nicht)
– Mais les livres ou les BD l'intéressent peut-être? (**Ni** les livres **ni** les BD **ne** l'intéressent.)	… les livres ou les BD l'intéressent peut-être? (weder … noch)
– Au lycée, est-ce qu'une matière l'intéresse? (Non, **aucune** matière **ne** l'intéresse.)	… matière l'intéresse? (kein einziges)
– Alors, qu'est-ce qui l'intéresse? (**Rien ne** l'intéresse.)	… qu'est-ce qui l'intéresse? (nichts)
– Eh bien, elle est bizarre, cette fille!	Ça, c'est vrai.

Disque tournant: Vous faites un voyage?

L 4 B

Ihr arbeitet zu zweit.

1. Haltet den Drehscheibenhalter zwischen euch.
2. Partner A liest die Sätze vor. Partner B bildet die Sätze um und benutzt dabei einen **Infinitivsatz mit „après, avant de, pour, sans"**. Partner A kontrolliert die Antwort mithilfe der Lösung in Klammern.
3. Danach wird die Scheibe weiter gedreht. Partner B liest nun die beiden Sätze vor usw.
4. Nach einem Durchgang wird der Scheibenhalter gedreht und alles beginnt von vorne.

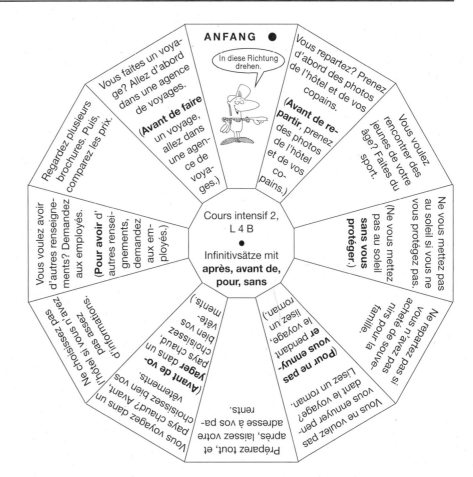

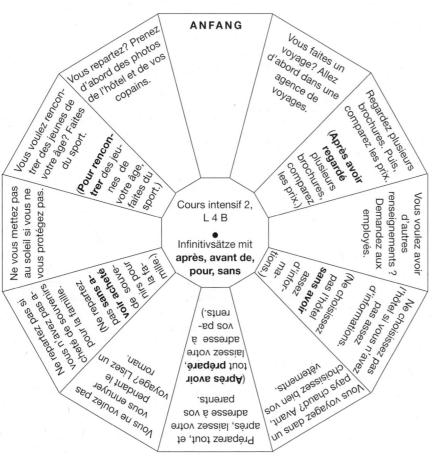

L 4 C

nom: classe: date:

Tandembogen: Trouver un job, ce n'est pas facile …

Ihr übt zu zweit.
1. Entscheidet zunächst, wer mit der **A-Seite** und wer mit der **B-Seite** übt.
2. Faltet den Bogen entlang der senkrechten Mittellinie.
3. Benutzt bei euren Fragen und Antworten die **indefiniten Begleiter/indefiniten Pronomen** (vgl. die deutschen Übersetzungen in Klammern).
4. Kontrolliert euch gegenseitig mithilfe der Lösungen in Klammern.
5. Wechselt die Rollen nach einem Durchgang.

Ⓐ	Ⓑ
Irène:	*Isabelle:*
– On ne te voit plus. Qu'est-ce que tu as fait pendant (ganz) ce temps?	(Qu'est-ce que tu as fait pendant **tout** ce temps?)
(D'abord, j'ai regardé **toutes les** annonces dans **tous les** journaux. Elles n'étaient pas **toutes** intéressantes. Puis, j'ai écrit **quelques** lettres de candidature.)	– J'ai cherché un job. D'abord, j'ai regardé (alle) annonces dans (alle) journaux. Elles n'étaient pas (alle) intéressantes. Puis, j'ai écrit (einige) lettres de candidature.
– Et tu as répondu à (jede) annonce?	(Et tu as répondu à **chaque** annonce?)
(Non, je n'ai pas répondu à **chacune**, mais j'ai écrit à **plusieurs** entreprises.)	– Non, je n'ai pas répondu à (jede), mais j'ai écrit à (mehrere) entreprises.
– Et elles ont (alle) répondu?	(Et elles ont **toutes** répondu?)
(**Quelques-unes** ont répondu.)	– (Einige) ont répondu.
– Est-ce que (alle) entreprises demandaient des connaissances en informatique?	(Est-ce que **toutes les** entreprises demandaient des connaissances en informatique?)
(**Certaines** demandaient des connaissances en informatique, mais **toutes** demandaient des expériences professionnelles.)	– (Gewisse) demandaient des connaissances en informatique, mais (alle) demandaient des expériences professionnelles.
– Des stages, tu en as fait (einige), mais tu n'as (keinerlei) expérience professionnelle.	(Des stages, tu en as fait **quelques-uns**, mais tu n'as **aucune** expérience professionnelle.)
(**Certaines** entreprises ont trouvé mes stages intéressants.)	– (Gewisse) entreprises ont trouvé mes stages intéressants.
– Et tu as eu (einige) entretiens?	(Et tu as eu **quelques** entretiens?)
(Oui, j'en ai eu **quelques-uns** et **certains** se sont bien passés, mais **aucune** entreprise **ne** m'a prise.)	– Oui, j'en ai eu (einige) et (gewisse) se sont bien passés, mais (kein einziges) entreprise ne m'a prise.

Frage-Antwort-Karten: Les métiers

1. Schneidet die Frage-Antwort-Karten aus und mischt sie mit der Schrift nach unten auf eurem Tisch.
2. **Partner A** zieht eine Karte, stellt **Partner B** die Aufgabe und kontrolliert dessen Antwort mithilfe der Lösung in Klammern. Beantwortet er die Frage richtig, erhält er die Karte.
3. Danach zieht **Partner B** seinerseits eine Karte. Weiteres Vorgehen siehe oben.
4. Wenn alle Karten auf diese Art und Weise verteilt sind, können die Partner die von ihnen bearbeiteten Aufgaben noch einmal ihrem Partner stellen und dessen Antworten kontrollieren.

Il sert les clients d'un restaurant. (un serveur)	Elle dessine des maisons qu'on va construire. (une architecte)
Il informe les journalistes sur les nouveaux produits de son entreprise. (un attaché de presse)	Elle dit dans une langue ce que quelqu'un vient de dire dans une autre. (une interprète)
Elle joue un rôle dans un film. (une actrice)	Il donne des cours au lycée ou au collège. (un professeur)
Elle écrit pour un journal. (une journaliste)	Elle répare les voitures. (une mécanicienne auto)
Il invente le look des produits. (un designer)	Il prépare les repas dans un restaurant. (un cuisinier)
Elle écrit des lettres pour son chef. (une secrétaire)	On va le voir quand on est malade. (un médecin)

Jeu des métiers

Mischt die Karten und legt sie wieder mit der Schrift nach unten auf einen Stapel. **Partner A** zieht eine Karte. **Partner B** muss nun durch geschicktes Fragen herausbekommen, welchen Beruf **Partner A** gezogen hat. Dabei darf er nur Fragen stellen, auf die **Partner A** mit „Oui" oder „Non" antworten kann,

z. B.:
- Tu travailles dans un bureau? – Oui.
- Tu dessines? – Non.
- Tu écris des lettres? – Oui.
- Tu réponds au téléphone? – Oui.
- Tu notes les rendez-vous du chef? – Oui.
- **Alors, tu es secrétaire.**

Hat er den Beruf erraten, zieht **Partner B** seinerseits eine Karte und **Partner A** muss durch entsprechende Fragen herausbekommen, um welchen Beruf es sich handelt.

| L 5 A | nom: | classe: | date: |

Tandembogen: Les voyageurs du TGV

1. Faltet den Bogen entlang der senkrechten Mittellinie.
2. Schaut euch die **Bilder** an und antwortet auf die Fragen eures Partners.
3. Kontrolliert euch gegenseitig mithilfe der Lösungen in Klammern. Gebt jeweils, bevor ihr die Fragen stellt, die Ziffer des Fotos an.
4. Wechselt die Rollen nach einem Durchgang.

Ⓐ	Ⓑ
	– **Regarde la photo. Où sont les Peyrac?** (Ils sont à Lacanau.) – **Comment sont-ils venus à Lacanau?** (Ils ont pris le TGV.) – **Pourquoi préfèrent-ils prendre le train?** (Parce que c'est plus rapide et plus confortable./ Parce qu'ils sont employés à la SNCF et parce qu'ils voyagent gratuitement.) – **Pourquoi est-ce que leur fils est resté à Paris?** (Parce qu'il doit distribuer des repas aux SDF dans les gares parisiennes.)
– **Qu'est-ce que Marine fait dans la vie?** (Elle est secrétaire à la Bibliothèque Nationale.) – **Pourquoi travaille-t-elle à mi-temps?** (Parce qu'elle est divorcée et parce qu'elle élève seule son fils.) – **Où est son fils quand elle travaille?** (Il est à la crèche.) – **Comment voudrait-elle vivre dans l'avenir?** (Elle voudrait vivre autrement, trouver un nouvel emploi près de chez ses parents.)	
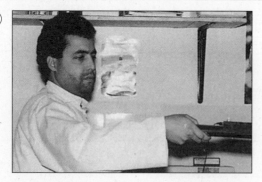	– **Est-ce qu'Aziz est Français?** (Non, il est Algérien.) – **Qu'est-ce que tu sais sur sa famille?** (Sa famille est pauvre. Son frère aîné a dû travailler très tôt.) – **Est-ce qu'Aziz est au chômage?** (Non, il travaille à l'Institut Pasteur.) – **Pourquoi est-ce qu'il va à Bordeaux?** (Parce qu'il rend visite à des amis et parce qu'il veut voir la grande dune du Pilat.)
– **Pourquoi est-ce que Catherine va à Tours?** (Parce qu'elle espère (y) trouver un emploi.) – **De quoi est-ce qu'elle vit en ce moment?** (Elle vit de petits boulots mal payés.) – **Qu'est-ce qu'elle a fait avant?** (Elle a fait des études à l'université, mais elle n'a pas trouvé de travail/d'emploi.) – **Où est-ce qu'elle habite?** (Elle habite chez ses parents.)	

Tandembogen: Si j'avais su …

Übt zu zweit.
1. Entscheidet zunächst, wer mit der **A-Seite** und wer mit der **B-Seite** übt.
2. Lest euch gemeinsam das erste Beispiel durch, um den Ablauf der Übung zu verstehen.
3. Faltet den Bogen entlang der senkrechten Mittellinie.
4. **Partner A** (grau unterlegtes Feld) stellt die Frage und kontrolliert die Antwort mit Hilfe der Lösung in Klammern.
5. Dann antwortet **Partner B** auf die Frage, indem er „si-Sätze" mit Plus-que-parfait und Conditionnel passé bildet. Danach wechselt das Frage-Recht.
6. Wechselt die Rollen nach einem Durchgang.

Ⓐ	Ⓑ
– Tu as passé tes vacances sur la côte atlantique? (Non, je n'avais pas d'argent. Mais si mes parents m'avaient donné de l'argent, je serais parti(e) au Danemark.)	Non, je n'avais pas d'argent. (Mais — si — mes parents — me — donner — de l'argent — je — partir — au Danemark).
Non, je n'avais pas envie de partir. (Mais — si — avoir envie de — partir — je — partir — avec des copains)	**– Et toi, tu es parti(e) avec tes parents à Hossegor?** (Non, je n'avais pas envie de partir. Mais si j'avais eu envie de partir, je serais parti(e) avec des copains.)
– Alors, tu as acheté le scooter que tu voulais avoir? (Non. Mais si j'avais trouvé du boulot pendant les vacances, je l'aurais acheté.)	Non. (Mais — si — trouver — du boulot — pendant les vacances — je — le — acheter)
Non, Mélanie n'était pas là. (Si — elle — être — là — je — travailler)	**– Tu as travaillé pour l'école?** (Non, Mélanie n'était pas là. Si elle avait été là, j'aurais travaillé.)
– Tu vis seul(e) maintenant. Pourquoi tu n'es pas resté(e) chez tes parents? (Eh bien, si mes parents ne m'avaient pas critiqué(e) tout le temps, je serais resté(e) à la maison.)	(Eh bien, si — mes parents — ne … pas — me — critiquer — tout le temps — je — rester — à la maison)
(Oui, mais — si — mes parents — me — empêcher — de — faire — ce que — je voulais — je — partir)	**– Et toi, tu es heureux/heureuse à la maison?** (Oui, mais si mes parents m'avaient empêché(e) de faire ce que je voulais, je serais parti(e).)
– Et depuis que tu es parti(e), tu n'as jamais essayé de t'entendre avec tes parents? (Si, bien sûr. Mais ils étaient toujours furieux. S'ils avaient été plus gentils avec moi, je serais rentré(e) à la maison.)	Si, bien sûr. Mais ils étaient toujours furieux. (Si — ils — être — plus — gentils — avec — moi — je — rentrer — à la maison)

L 3 B

nom: classe: date:

Frage-Antwort-Karten: Comment parler de ses sentiments?

1. Schneidet die Frage-Antwort-Karten aus und mischt sie mit der Schrift nach unten auf eurem Tisch.
2. **Partner A** zieht eine Karte, stellt **Partner B** die Frage und kontrolliert dessen Antwort mithilfe der Lösung in Klammern. Beantwortet er die Frage richtig, erhält er die Karte. Wenn nicht, zeigt ihm **Partner A** die Lösung und legt die Karte wieder unter den Stapel, damit sie zu einem späteren Zeitpunkt noch einmal bearbeitet werden kann.
3. Danach zieht **Partner B** seinerseits eine Karte und stellt die Frage an **Partner A**. Weiteres Vorgehen siehe oben.
4. Wenn alle Karten auf diese Art und Weise verteilt sind, können die Partner die von ihnen beantworteten Fragen noch einmal ihrem Partner stellen und dessen Antworten kontrollieren, so dass am Ende beide Partner alle Karten bearbeitet haben.

Du bist unglücklich. Was sagst du?
(Je suis malheureux/malheureuse.)

Du bist nicht mehr traurig. Was sagst du?
(Je ne suis plus triste.)

Du willst ausdrücken, dass du dich auf der Fete gelangweilt hast. Was sagst du?
(Je me suis ennuyé/ennuyée à la fête.)

Du willst ausdrücken, dass dein Freund/deine Freundin eifersüchtig auf dich ist. Was sagst du?
(Il est jaloux/Elle est jalouse de moi.)

Du willst ausdrücken, dass du dich sehr gut mit deinen Eltern verstehst. Was sagst du?
(Je m'entends très bien avec mes parents.)

Du willst ausdrücken, dass du keine Lust hast, mit Freunden auszugehen. Was sagst du?
(Je n'ai pas envie de sortir avec des copains.)

Du willst ausdrücken, dass du dich nicht schämst. Was sagst du?
(Je n'ai pas honte.)

Dein Vater geht dir auf die Nerven. Was sagst du über ihn?
(Mon père/Il m'énerve.)

Du willst ausdrücken, dass du die Nase von der Schule voll hast. Was sagst du?
(J'en ai marre de l'école.)

Du willst ausdrücken, dass du die Spaziergänge mit deinen Eltern hasst. Was sagst du?
(Je déteste les promenades avec mes parents.)

Du willst ausdrücken, dass du Tonton David sehr magst/bewunderst. Was sagst du?
(J'adore Tonton David.)

Du willst ausdrücken, dass du dich in ein Mädchen/einen Jungen verliebt hast. Was sagst du?
(Je suis tombé amoureux /tombée amoureuse d'une fille/d'un garçon.)

Du willst ausdrücken, dass der Film langweilig war. Was sagst du?
(Le film était ennuyeux.)

Du willst ausdrücken, dass du dich mit deinen Freunden gut amüsierst. Was sagst du?
(Je m'amuse bien avec mes copains.)

Du willst ausdrücken, dass Philippe blöd ist. Was sagst du?
(Philippe est bête.)

Du beschwerst dich, dass Janine sich über dich lustig macht. Was sagst du?
(Janine se moque de moi.)

Du willst ausdrücken, dass dir etwas Leid tut. Was sagst du?
(Je suis désolé/désolée.)

Du willst ausdrücken, dass du die Jungen/Mädchen in der Klasse enttäuschend findest. Was sagst du?
(Les garçons/filles de la classe me déçoivent.)

| nom: | classe: | date: | **L 3 B** |

Tandembogen: S'ils étaient différents ...

Übt zu zweit.
1. Entscheidet zunächst, wer mit der **A-Seite** und wer mit der **B-Seite** übt.
2. Lest euch gemeinsam die ersten Beispiele durch, um den Ablauf der Übung zu verstehen.
3. Faltet den Bogen entlang der senkrechten Mittellinie.
4. Der Partner mit den grau unterlegten Feldern liest jeweils den Satz vor, sein Partner bildet mithilfe der Vorgaben einen „si-Satz". Achtet dabei auf das Tempus/den Modus und auf den Sinn des Satzes. Meist müsst ihr die Verneinung benutzen. Kontrolliert euch gegenseitig mithilfe der Lösungen in Klammern.
5. Wechselt die Rollen nach einem Durchgang.

Ⓐ	Ⓑ
Julie est timide. C'est pourquoi elle n'ose pas regarder Olivier. (Si Julie n'**était** pas timide, elle **oserait** regarder Olivier.)	Julie est timide. C'est pourquoi elle n'ose pas regarder Olivier. Si Julie n'... pas ..., elle ...
Gilbert parle tout le temps de lui. C'est pourquoi ses amis ne sortent plus avec lui. Si Gilbert ne ... pas ..., ses amis ...	Gilbert parle tout le temps de lui. C'est pourquoi ses amis ne sortent plus avec lui. (Si Gilbert ne **parlait** pas tout le temps de lui, ses amis **sortiraient** encore avec lui.)
Charlotte est une frimeuse. C'est pourquoi ses copains se moquent toujours d'elle. (Si Charlotte n'**était** pas une frimeuse, ses copains ne se **moqueraient** pas toujours d'elle.)	Charlotte est une frimeuse. C'est pourquoi ses copains se moquent toujours d'elle. Si Charlotte ..., ses copains ...
Sylvie est très ouverte. C'est pourquoi ses copains l'aiment beaucoup. Si Sylvie n'... , ses copains ne ...	Sylvie est très ouverte. C'est pourquoi ses copains l'aiment beaucoup. (Si Sylvie n'**était** pas très ouverte, ses copains ne l'**aimeraient** pas beaucoup.)
Sandrine critique toujours les autres. C'est pourquoi elle est souvent seule. (Si Sandrine ne **critiquait** pas toujours les autres, elle ne **serait** pas souvent seule.)	Sandrine critique toujours les autres. C'est pourquoi elle est souvent seule. Si Sandrine ne ..., elle ne ...
Yasmina est jalouse. C'est pourquoi elle se dispute tout le temps avec son ami. Si Yasmina ..., elle ne ...	Yasmina est jalouse. C'est pourquoi elle se dispute tout le temps avec son ami. (Si Yasmina n'**était** pas jalouse, elle ne se **disputerait** pas tout le temps avec son ami.)
Julien fait des bêtises pendant les cours. C'est pourquoi ses profs ne sont pas contents de lui. (Si Julien ne **faisait** pas de bêtises pendant les cours, ses profs **seraient** contents de lui.)	Julien fait des bêtises pendant les cours. C'est pourquoi ses profs ne sont pas contents de lui. Si Julien ..., ses profs ...
Caroline a mauvais caractère. C'est pourquoi elle n'a pas d'amis. Si Caroline ..., elle ...	Caroline a mauvais caractère. C'est pourquoi elle n'a pas d'amis. (Si Caroline n'**avait** pas mauvais caractère, elle **aurait** des amis.)
Pascal est très paresseux. C'est pourquoi ses parents le critiquent. (Si Pascal n'**était** pas très paresseux, ses parents ne le **critiqueraient** pas.)	Pascal est très paresseux. C'est pourquoi ses parents le critiquent. Si Pascal n' ..., ses parents ...
Florence ne sait pas que Luc l'aime. C'est pourquoi elle est triste. Si Florence ..., elle ne ...	Florence ne sait pas que Luc l'aime. C'est pourquoi elle est triste. (Si Florence **savait** que Luc l'aime, elle ne **serait** pas triste.)

L 4 A nom: classe: date:

Tandembogen: Une fille bizarre ...

Übt zu zweit.
1. Entscheidet zunächst, wer mit der **A-Seite** und wer mit der **B-Seite** übt.
2. Faltet den Bogen entlang der senkrechten Mittellinie.
3. Partner A stellt die Fragen, Partner B antwortet auf die Fragen und verneint deren Inhalt.
   Die deutschen Hinweise in Klammern sollen eine Hilfe bei der Wahl der Verneinung sein.
4. Partner A kontrolliert mithilfe der Lösungen in Klammern.
5. Wechselt die Rollen nach einem Durchgang.

Ⓐ	Ⓑ
– Elle a des amis, Caroline? (Non, elle **n'a aucun** ami.)	Elle a des amis, Caroline? (keinen einzigen)
– Est-ce qu'elle a des frères ou des sœurs? (Non, elle **n'a ni** frères **ni** sœurs.)	... a des frères ou des sœurs? (weder ... noch)
– Est-ce que quelqu'un sort avec elle? (Non, **personne ne** sort avec elle.)	... quelqu'un sort avec elle? (niemand)
– Mais en classe, elle parle aux autres élèves? (Non, elle **ne** parle **à personne**.)	... parle aux autres élèves? (mit niemand)
– Mais avec qui est-ce qu'elle s'entend? (Elle ne s'entend **avec personne**.)	... avec qui est-ce qu'elle s'entend? (mit niemand)
– Qu'est-ce qu'elle fait le week-end? (Elle **ne** fait **rien**.)	... fait le week-end? (nichts)
– Elle ne va pas au cinéma? (Non, elle **n'**y va **jamais**/**ne** va **jamais** au cinéma.)	... ne va pas au cinéma? (nie)
– Est-ce qu'elle aime le sport ou la musique? (Elle **n'**aime **ni** le sport **ni** la musique.)	... aime le sport ou la musique? (weder ... noch)
– Est-ce qu'elle aime la danse? (Elle **n'**aime **pas** la danse **non plus**.)	... aime la danse? (auch nicht)
– Mais les livres ou les BD l'intéressent peut-être? (**Ni** les livres **ni** les BD **ne** l'intéressent.)	... les livres ou les BD l'intéressent peut-être? (weder ... noch)
– Au lycée, est-ce qu'une matière l'intéresse? (Non, **aucune** matière **ne** l'intéresse.)	... matière l'intéresse? (kein einziges)
– Alors, qu'est-ce qui l'intéresse? (**Rien ne** l'intéresse.)	... qu'est-ce qui l'intéresse? (nichts)
– Eh bien, elle est bizarre, cette fille!	Ça, c'est vrai.

nom: classe: date: **L 4 B**

Disque tournant: Vous faites un voyage?

Ihr arbeitet zu zweit.

1. Haltet den Drehscheibenhalter zwischen euch.
2. Partner A liest die Sätze vor. Partner B bildet die Sätze um und benutzt dabei einen **Infinitivsatz mit „après, avant de, pour, sans"**. Partner A kontrolliert die Antwort mithilfe der Lösung in Klammern.
3. Danach wird die Scheibe weiter gedreht. Partner B liest nun die beiden Sätze vor usw.
4. Nach einem Durchgang wird der Scheibenhalter gedreht und alles beginnt von vorne.

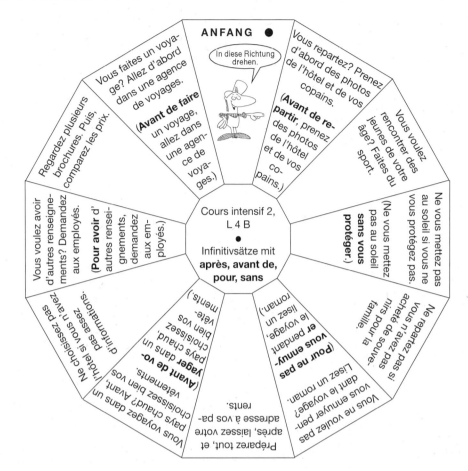

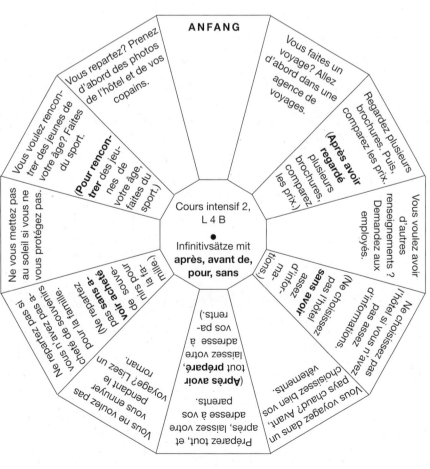

Klettbuch 522395 Découvertes-Cours Intensif 2, Face à Face. © Ernst Klett Verlag GmbH, Stuttgart 2000.
Von diesen Vorlagen ist die Vervielfältigung für den eigenen Unterrichtsgebrauch gestattet. Die Kopiergebühren sind abgegolten.

L 4 C nom: classe: date:

Tandembogen: Trouver un job, ce n'est pas facile …

Ihr übt zu zweit.
1. Entscheidet zunächst, wer mit der **A-Seite** und wer mit der **B-Seite** übt.
2. Faltet den Bogen entlang der senkrechten Mittellinie.
3. Benutzt bei euren Fragen und Antworten die **indefiniten Begleiter/indefiniten Pronomen**
   (vgl. die deutschen Übersetzungen in Klammern).
4. Kontrolliert euch gegenseitig mithilfe der Lösungen in Klammern.
5. Wechselt die Rollen nach einem Durchgang.

(A)	(B)
Irène:	*Isabelle:*
– On ne te voit plus. Qu'est-ce que tu as fait pendant (ganz) ce temps?	(Qu'est-ce que tu as fait pendant **tout** ce temps?)
(D'abord, j'ai regardé **toutes les** annonces dans **tous les** journaux. Elles n'étaient pas **toutes** intéressantes. Puis, j'ai écrit **quelques** lettres de candidature.)	– J'ai cherché un job. D'abord, j'ai regardé (alle) annonces dans (alle) journaux. Elles n'étaient pas (alle) intéressantes. Puis, j'ai écrit (einige) lettres de candidature.
– Et tu as répondu à (jede) annonce?	(Et tu as répondu à **chaque** annonce?)
(Non, je n'ai pas répondu à **chacune**, mais j'ai écrit à **plusieurs** entreprises.)	– Non, je n'ai pas répondu à (jede), mais j'ai écrit à (mehrere) entreprises.
– Et elles ont (alle) répondu?	(Et elles ont **toutes** répondu?)
(**Quelques-unes** ont répondu.)	– (Einige) ont répondu.
– Est-ce que (alle) entreprises demandaient des connaissances en informatique?	(Est-ce que **toutes les** entreprises demandaient des connaissances en informatique?)
(**Certaines** demandaient des connaissances en informatique, mais **toutes** demandaient des expériences professionnelles.)	– (Gewisse) demandaient des connaissances en informatique, mais (alle) demandaient des expériences professionnelles.
– Des stages, tu en as fait (einige), mais tu n'as (keinerlei) expérience professionnelle.	(Des stages, tu en as fait **quelques-uns**, mais tu n'as **aucune** expérience professionnelle.)
(**Certaines** entreprises ont trouvé mes stages intéressants.)	– (Gewisse) entreprises ont trouvé mes stages intéressants.
– Et tu as eu (einige) entretiens?	(Et tu as eu **quelques** entretiens?)
(Oui, j'en ai eu **quelques-uns** et **certains** se sont bien passés, mais **aucune** entreprise **ne** m'a prise.)	– Oui, j'en ai eu (einige) et (gewisse) se sont bien passés, mais (kein einziges) entreprise ne m'a prise.

nom: classe: date: **L 4 C**

Frage-Antwort-Karten: Les métiers

1. Schneidet die Frage-Antwort-Karten aus und mischt sie mit der Schrift nach unten auf eurem Tisch.
2. **Partner A** zieht eine Karte, stellt **Partner B** die Aufgabe und kontrolliert dessen Antwort mithilfe der Lösung in Klammern. Beantwortet er die Frage richtig, erhält er die Karte.
3. Danach zieht **Partner B** seinerseits eine Karte. Weiteres Vorgehen siehe oben.
4. Wenn alle Karten auf diese Art und Weise verteilt sind, können die Partner die von ihnen bearbeiteten Aufgaben noch einmal ihrem Partner stellen und dessen Antworten kontrollieren.

Il sert les clients d'un restaurant. (un serveur)	Elle dessine des maisons qu'on va construire. (une architecte)
Il informe les journalistes sur les nouveaux produits de son entreprise. (un attaché de presse)	Elle dit dans une langue ce que quelqu'un vient de dire dans une autre. (une interprète)
Elle joue un rôle dans un film. (une actrice)	Il donne des cours au lycée ou au collège. (un professeur)
Elle écrit pour un journal. (une journaliste)	Elle répare les voitures. (une mécanicienne auto)
Il invente le look des produits. (un designer)	Il prépare les repas dans un restaurant. (un cuisinier)
Elle écrit des lettres pour son chef. (une secrétaire)	On va le voir quand on est malade. (un médecin)

Jeu des métiers

Mischt die Karten und legt sie wieder mit der Schrift nach unten auf einen Stapel. **Partner A** zieht eine Karte. **Partner B** muss nun durch geschicktes Fragen herausbekommen, welchen Beruf **Partner A** gezogen hat. Dabei darf er nur Fragen stellen, auf die **Partner A** mit „Oui" oder „Non" antworten kann,

z. B.:
- – Tu travailles dans un bureau?   – Oui.
- – Tu dessines?   – Non.
- – Tu écris des lettres?   – Oui.
- – Tu réponds au téléphone?   – Oui.
- – Tu notes les rendez-vous du chef?   – Oui.
- **– Alors, tu es secrétaire.**

Hat er den Beruf erraten, zieht **Partner B** seinerseits eine Karte und **Partner A** muss durch entsprechende Fragen herausbekommen, um welchen Beruf es sich handelt.

Tandembogen: Les voyageurs du TGV

1. Faltet den Bogen entlang der senkrechten Mittellinie.
2. Schaut euch die **Bilder** an und antwortet auf die Fragen eures Partners.
3. Kontrolliert euch gegenseitig mithilfe der Lösungen in Klammern. Gebt jeweils, bevor ihr die Fragen stellt, die Ziffer des Fotos an.
4. Wechselt die Rollen nach einem Durchgang.

Ⓐ	Ⓑ
	- **Regarde la photo. Où sont les Peyrac?** (Ils sont à Lacanau.) - **Comment sont-ils venus à Lacanau?** (Ils ont pris le TGV.) - **Pourquoi préfèrent-ils prendre le train?** (Parce que c'est plus rapide et plus confortable./ Parce qu'ils sont employés à la SNCF et parce qu'ils voyagent gratuitement.) - **Pourquoi est-ce que leur fils est resté à Paris?** (Parce qu'il doit distribuer des repas aux SDF dans les gares parisiennes.)
- **Qu'est-ce que Marine fait dans la vie?** (Elle est secrétaire à la Bibliothèque Nationale.) - **Pourquoi travaille-t-elle à mi-temps?** (Parce qu'elle est divorcée et parce qu'elle élève seule son fils.) - **Où est son fils quand elle travaille?** (Il est à la crèche.) - **Comment voudrait-elle vivre dans l'avenir?** (Elle voudrait vivre autrement, trouver un nouvel emploi près de chez ses parents.)	
	- **Est-ce qu'Aziz est Français?** (Non, il est Algérien.) - **Qu'est-ce que tu sais sur sa famille?** (Sa famille est pauvre. Son frère aîné a dû travailler très tôt.) - **Est-ce qu'Aziz est au chômage?** (Non, il travaille à l'Institut Pasteur.) - **Pourquoi est-ce qu'il va à Bordeaux?** (Parce qu'il rend visite à des amis et parce qu'il veut voir la grande dune du Pilat.)
- **Pourquoi est-ce que Catherine va à Tours?** (Parce qu'elle espère (y) trouver un emploi.) - **De quoi est-ce qu'elle vit en ce moment?** (Elle vit de petits boulots mal payés.) - **Qu'est-ce qu'elle a fait avant?** (Elle a fait des études à l'université, mais elle n'a pas trouvé de travail/d'emploi.) - **Où est-ce qu'elle habite?** (Elle habite chez ses parents.)	

nom: classe: date: **L 5 A**

Tandembogen: Interviews

Stellt euch vor, dass ihr im gleichen TGV wie Familie Peyrac, Marine und Aziz sitzt. Ihr stellt ihnen Fragen.

Übt zu zweit.
1. Entscheidet zunächst, wer mit der **A-Seite** und wer mit der **B-Seite** übt.
2. Lest euch gemeinsam das erste Beispiel durch, um den Ablauf der Übung zu verstehen. Partner A (grau unterlegtes Feld) stellt die Frage und kontrolliert die Antwort mithilfe der Lösung in Klammern. Partner B antwortet auf die Fragen, indem er **Adjektiv** oder **Adverb** einsetzt. Danach wechselt das Frage-Recht.
3. Faltet den Bogen entlang der senkrechten Mittellinie.
4. Wechselt die Rollen nach einem Durchgang.

Ⓐ	Ⓑ
– Alors, M. et Mme Peyrac, pourquoi est-ce que vous avez pris le TGV? (Parce que le TGV est **confortable** et parce que nous voyageons **gratuitement**.)	Parce que le TGV est _____ et parce que nous voyageons _____ . (confortable / gratuit)
– Comment est-ce que vous arrivez à votre maison de campagne? (Nous avons un voisin très **gentil** qui vient nous chercher à la gare **normalement**.)	Nous avons un voisin très _____ qui vient nous chercher à la gare _____ . (gentil / normal)
– Et pourquoi est-ce que vous y allez pour un week-end? (Parce que là, nous sommes **indépendants**. Le week-end, nous aimons vivre **différemment**, nous aimons la vie **tranquille** à Lacanau.)	Parce que là, nous sommes _____ . Le week-end, nous aimons vivre _____ , nous aimons la vie _____ à Lacanau. (indépendant / différent / tranquille)
Eh bien, je suis _____ maintenant, mais la vie n'est pas _____ pour moi. Ça va plutôt _____ et je voudrais vivre _____ . (indépendant / facile / mauvais / autre)	– Bonjour Marine, vous élevez votre fils seule. Voulez-vous nous parler de votre vie? (Eh bien, je suis **indépendante** maintenant, mais la vie n'est pas **facile** pour moi. Ça va plutôt **mal** et je voudrais vivre **autrement**.)
(Comme je cherche un emploi plus _____ et comme mes parents me manquent _____ , je voudrais _____ quitter Paris pour vivre en province.) (passionnant / énorme / absolu)	– Mais qu'est-ce que vous voulez faire? (Comme je cherche un emploi plus **passionnant** et comme mes parents me manquent **énormément**, je voudrais **absolument** quitter Paris pour vivre en province.)
– M. Baouti, comment avez-vous payé vos études? (Eh bien, je voulais devenir médecin, mais c'était **vraiment difficile**. J'ai dû faire **énormément** de jobs pour payer mes études. **Heureusement**, j'ai maintenant un très bon emploi à l'Institut Pasteur.)	Eh bien, je voulais devenir médecin, mais c'était _____ _____ . J'ai dû faire _____ de jobs pour payer mes études. _____ , j'ai maintenant un très bon emploi à l'Institut Pasteur. (vrai / difficile / énorme / heureux)
– Vous êtes Algérien. Est-ce que ça vous pose parfois des problèmes? (**Normalement**, je n'ai pas de problème. J'ai trouvé des amis **sympatiques**. Mais quelquefois dans le métro, les gens ne sont pas très **polis**, ils me regardent **méchamment**, et c'est **triste**.)	_____ , je n'ai pas de problème. J'ai trouvé des amis _____ . Mais quelquefois dans le métro, les gens ne sont pas très _____ , ils me regardent _____ , et c'est _____ . (normal / sympathique / poli / méchant / triste)

L 5 A   nom: classe: date:

Tandembogen: Des noms dont tu te souviens

Übt zu zweit.
1. Entscheidet zunächst, wer mit der **A-Seite** und wer mit der **B-Seite** übt.
2. Lest euch gemeinsam die ersten Beispiele durch, um den Ablauf der Übung zu verstehen.
3. Der Fragesteller (grau unterlegte Felder) füllt die Lücken mit einem der **Relativpronomen qui, que, où, dont**.
   Der Partner kontrolliert und errät den Namen, den wiederum der Fragesteller kontrolliert.
   Lest euch gemeinsam das erste Beispiel durch, um den Ablauf der Übung zu verstehen.
4. Faltet den Bogen entlang der senkrechten Mittellinie.
5. Wechselt die Rollen nach einem Durchgang.

Ⓐ	Ⓑ
C'est le héros d'une BD ____ les idées sont géniales, mais ____ se terminent toujours par des catastrophes. Comment s'appelle le garçon ____ je parle ? (C'est Gaston Lagaffe.)	(C'est le héros d'une BD **dont** les idées …, mais **qui** se terminent toujours par … Comment s'appelle le garçon **dont** je parle?)
(C'est un chanteur **qui** fait du reggae et **dont** tu connais la chanson «Il marche seul», qui parle d'un SDF.)	C'est un chanteur ____ fait du reggae et ____ tu connais la chanson «Il marche seul», ____ parle d'un SDF. Qui est-ce? (C'est Tonton David.)
Est-ce que tu te souviens du dessinateur ____ les dessins avaient étonné les directeurs artistiques et ____ avait quitté le lycée pour faire des études artistiques? (C'est Frank Margerin.)	(… du dessinateur **dont** les dessins … et **qui** avait quitté le lycée …?)
(… le titre du roman **dont** le héros, **qui** rêve de s'acheter …)	Quel est le titre du roman ____ le héros, ____ rêve de s'acheter un magnétoscope, veut devenir baby-sitter? (C'est «Baby-sitter blues».)
L'auteur ____ tu dois trouver le nom est une femme ____ s'intéresse aux jeunes et ____ écrit pour eux. Un de ses romans, ____ tu connais, s'appelle «Baby-sitter blues». Qui est-ce? (C'est Marie-Aude Murail.)	(L'auteur **dont** tu dois trouver … une femme **qui** s'intéresse aux jeunes et **qui** écrit pour eux. Un de ses romans, **que** tu connais, s'appelle «Baby-sitter blues».)
(C'est un homme **qui** est passionné par l'écologie et **dont** le rêve est de protéger l'environnement. Il contrôle les entreprises **qui** font de la pollution.)	C'est un homme ____ est passionné par l'écologie et ____ le rêve est de protéger l'environnement. Il contrôle les entreprises ____ font de la pollution. Quel est son métier? (C'est un conseiller en environnement.)
La femme ____ je parle travaille dans un centre d'accueil pour les gens ____ n'ont pas de travail. Quel est son métier? (Elle est assistante sociale.)	(La femme **dont** je parle … pour les gens **qui** n'ont pas …)
(C'est le pays **où** est né Aziz Baouti et **qu'**il a quitté avec sa famille.) Comment s'appelle le pays d'**où** il est parti?	C'est le pays ____ est né Aziz Baouti et ____ il a quitté avec sa famille. Comment s'appelle le pays d'____ il est parti? (C'est l'Algérie.)

Dictée en ping-pong

Übt zu zweit. Ihr schreibt ein **Ping-Pong-Diktat**.
1. Faltet den Bogen entlang der senkrechten Mittellinie.
2. Diktiert euch im Wechsel die Texte in den grau unterlegten Feldern. Lest dabei immer zunächst den ganzen Satz vor, diktiert ihn danach in kleineren Abschnitten.
3. Wenn der Bogen ganz ausgefüllt ist, tauscht die Bögen aus, klappt den Bogen auf und korrigiert den Teil, den euer Partner geschrieben hat.
4. In einem zweiten Durchgang wechselt ihr die Seite eures Bogens und lasst euch von eurem Partner den Teil diktieren, den ihr selbst zuvor diktiert habt. Die Kontrolle erfolgt wie oben beschrieben.

A	B
Momo et Bernadette viennent de deux familles différentes. La famille de Momo ne réussit pas à joindre les deux bouts.	
	C'est pourquoi les enfants volent des sacs à main. Les cartes d'identité, les porte-monnaie et les carnets de chèques qu'ils y trouvent, ils les jettent.
Bernadette vient d'une famille bourgeoise. Elle est dans une école privée et va à l'église tous les dimanches. Evidemment, elle ne connaît pas d'enfants sales et mal élevés.	
	Un jour, les deux familles apprennent qu'une infirmière a échangé Bernardette et Momo le jour de leur naissance.
Alors, Momo va vivre dans la famille de Bernadette et réussit facilement à changer d'identité, mais Bernadette ne va pas réagir aussi bien que Momo.	
	C'est pourquoi sa famille achète le silence de la famille Groseille. Mais un jour, Momo apprend la vérité à Bernadette.

L 5 B   nom: classe: date:

Tandembogen: On mange au restaurant

Übt zu zweit.
1. Entscheidet zunächst, wer mit der **A-Seite** und wer mit der **B-Seite** übt.
2. Lest eurem Partner die Texte in den grau unterlegten Feldern vor und füllt die Lücken durch ein **Adverb**, einen **Komparativ** oder einen **Superlativ des Adverbs** aus. Achtet dabei darauf, dass die Adjektive in Adverbien umgewandelt werden müssen. Kontrolliert die Fragen und Antworten mit Hilfe der Lösungen in Klammern. Achtet auf die Symbole in folgendem Kasten.
3. Faltet den Bogen entlang der senkrechten Mittellinie.
4. Wechselt die Rollen nach einem Durchgang.

- / +	bedeutet: **moins / plus**	+ **(Adverb)** + **que** oder nur **(Adverb)**
=	bedeutet: **aussi**	+ **(Adverb)** + **que** oder nur **(Adverb)**
-- / ++	bedeutet: **le moins / le plus**	+ **(Adverb)**

Ⓐ	Ⓑ
(Au Mac Do, on mange **plus rapidement**, mais **moins bien**. Au restaurant, on peut discuter **plus tranquillement**.)	– Où est-ce qu'on mange ce soir? Au Mac Do, on mange (+) (rapide) _____ , mais (-) (bon) _____ . Au restaurant, on peut discuter (+) (tranquille) _____ .
– Alors, on va au restaurant. J'en connais plusieurs. Au restaurant «Chez Serge», on ne mange pas (mauvais) _____ . Au «Mondial», on mange (-) (bon) _____ , mais le chef vous sert (+) (gentil) _____ et les clients sont très sympa. C'est au «Cidre doux» qu'on mange (++) (bon) _____ , mais c'est le restaurant le plus cher.	(Au restaurant «Chez Serge», on ne mange pas **mal**. Au «Mondial», on mange **moins bien**, mais le chef vous sert **plus gentiment** et les clients sont très sympa. C'est au «Cidre doux» qu'on mange **le mieux**, mais c'est le restaurant le plus cher.)
(Moi, je trouve qu'on mange **moins bien** au «Cidre doux» **qu'**au «Mondial». Et pourquoi est-ce que nous ne faisons pas la cuisine ensemble? A la maison, on mange **aussi bien qu'**au restaurant et on peut parler ensemble **plus longuement qu'**au restaurant.)	– Moi, je trouve qu'on mange (-) (bon) _____ au «Cidre doux» _____ au «Mondial». Et pourquoi est-ce que nous ne faisons pas la cuisine ensemble? A la maison, on mange (=) (bon) _____ au restaurant et on peut parler ensemble (+) (long) _____ au restaurant.
– Tu as raison. Si Sylvie et Nathalie font la cuisine, on mange même (+) (bon) _____ à la maison _____ au restaurant. Mais ce qui est (-) (bon) _____ , c'est qu'on doit faire la vaisselle et ranger la cuisine après.	(Si Sylvie et Nathalie font la cuisine, on mange même **mieux** à la maison **qu'**au restaurant. Mais ce qui est **moins bien**, c'est qu'on doit faire la vaisselle et ranger la cuisine après.)
(Mais si tu demandes **gentiment** à David et André, ils vont faire la vaisselle. Et ils vont la faire **mieux que** nous.)	– Mais si tu demandes (gentil) _____ à David et André, ils vont faire la vaisselle. Et ils vont la faire (+) (bon) _____ que nous.
– Là, vous exagérez. Vous pouvez faire la vaisselle (=) (bon) _____ eux. Mais on va la faire ensemble (++) (rapide) _____ possible.	(Là, vous exagérez. Vous pouvez faire la vaisselle **aussi bien qu'**eux. Mais on va la faire ensemble **le plus rapidement** possible.)

Puzzle: Dans les calanques

Arbeitet zu zweit.
1. Schneidet die einzelnen Karten aus.
2. Bildet aus jeweils zwei grau unterlegten Satzteilen einen Satz, indem ihr sie mit einer **Präposition** und einem **Relativpronomen** (lequel/laquelle/lesquels/lesquelles) oder einer **zusammengesetzten Form** (auxquelles/dont) verbindet. Achtet dabei auf den Sinn des gesamten Satzes.
3. Kontrolliert eure Sätze mithilfe der **Lösungen**.

Il fait chaud. Alors, Laure et Simon cherchent un arbre …	sous	… se trouvent trois plongeurs.	dans	… un reste à bord.
Les plongeurs ont une chaîne …	lesquels	… s'intéressent les plongeurs.	lequel	Laure cherche le sac d'Anaïs …
Dans les calanques, il y a des rochers …	avec	… ils pourraient remonter des amphores.	dont	… on peut bien faire de l'escalade.
Après le repas du soir, les jeunes retournent à la plage …	lesquelles	… se trouvent des pommes.	laquelle	Au sud-est de Marseille, on trouve des amphores …
Ils voient un bateau …	duquel	Les plongeurs cherchent peut-être des amphores …	à bord	… il y a leur campement et ils vont se coucher.
… ils peuvent se protéger du soleil.	dans	avec	lequel	… on peut gagner beaucoup d'argent au marché noir.
Sur le bateau, il y a trois plongeurs …	près de	auxquelles	laquelle	

L 6 B   nom: classe: date:

Tandembogen: Donner son avis

Übt zu zweit.
1. Faltet den Bogen entlang der senkrechten Mittellinie.
2. Entscheidet zunächst, wer mit der **A-Seite** und wer mit der **B-Seite** übt.
3. Versetzt euch in die Situation von Laure und Simon und führt einen Dialog. Achtet dabei auf die deutschen Vorgaben zum Thema „**seine Meinung äußern**" in Klammern (grau unterlegte Felder).
   Diese sollt ihr ns Französische übertragen. Sprecht dabei immer aus eurer persönlichen Perspektive.
4. Kontrolliert euch gegenseitig mithilfe der fett gedruckten Lösungen.
5. Wechselt die Rollen nach einem Durchgang.

Ⓐ	Ⓑ
Laure:	*Simon:*
On fait de l'escalade ?	
D'un côté, j'ai envie d'en faire, **d'un autre côté**, je trouve qu'il …	Je ne sais pas. (Einerseits) j'ai envie d'en faire, (andererseits) je trouve qu'il fait trop chaud aujourd'hui.
(Du findest, dass Simon übertreibt.) On peut se baigner après l'escalade.	**Je trouve que tu exagères.** On peut se baigner après l'escalade.
Je suis d'accord avec toi. C'est une bonne idée. Mais qui reste ici pour préparer …	(Du bist einverstanden mit Laure.) C'est une bonne idée. Mais qui reste ici pour préparer le repas de midi ? Toi peut-être, Laure ?
Là, (du bist mit Simon nicht einverstanden. Deiner Meinung nach …), nous devons faire la cuisine ensemble après l'escalade.	**Là, je ne suis pas d'accord avec toi. A mon avis**, nous devons faire la cuisine ensemble après l'escalade.
Tu as raison. Mais attends, **je voudrais parler d'autre chose.** Regarde les plongeurs là-bas avec leur bateau. **Je crois** qu'ils veulent voler des amphores.	(Du sagst, sie habe Recht.) Mais attends, (du möchtest von etwas anderem sprechen.) Regarde les plongeurs là-bas avec leur bateau. (Du glaubst) qu'ils veulent voler des amphores.
(Du bist seiner Meinung.) Alors, il faut appeler la police.	**Je suis de ton avis.** Alors, il faut appeler la police.
Non, **je suis contre.** Essayons d'abord de voir s'ils cherchent …	Non, (du bist dagegen.) Essayons d'abord de voir s'ils cherchent vraiment des amphores.
(Du gibst ihm Recht.) Mais (andererseits), s'ils remontent des amphores, il sera peut-être trop tard.	**Tu as raison.** Mais **d'un autre côté**, s'ils remontent des amphores, il sera peut-être trop tard.

nom: classe: date: **L 6 B**

Auto-contrôle: Verbtraining als Folientraining

Hinweis für den Unterrichtenden!
Das Raster mit den Verb-Paradigmata wird auf Folie kopiert und über OHP an die Projektionswand geworfen. Die Schüler der gesamten Lerngruppe arbeiten daraufhin gleichzeitig. Diese Übung kann mehrfach wiederholt werden und eignet sich auch sehr gut zum „Aufwärmen" zu Beginn der Stunde.

1. **Partner A** setzt sich mit dem Rücken zur Folie. **Partner B** schaut auf die Folie, um kontrollieren zu können, ob **Partner A** die richtigen Verb-Formen nennt.
2. **Partner B** nennt ein **Verb**, ein **Pronomen** und **die Zeit**, z. B. „suivre – vous – Plus-que-parfait".
   Partner A nennt daraufhin die **Verbform** im Plus-que-parfait, also „vous aviez suivi".
3. Danach gibt **Partner B** entweder ein **anderes Pronomen** (z. B. „je" = „j'avais suivi"), eine **andere Zeit** (z. B. Passé composé: „j'ai suivi" oder ein **anderes Verb** (z. B. „offrir" = „vous aviez offert") an.
   Partner A antwortet darauf mit der jeweiligen Verbform.
4. Nach zehn Verbformen wechseln die Partner die Plätze und die Rollen.

-------------------- *(Hier den oberen Abschnitt abknicken.)* --------------------

Folien-Kopiervorlage

		offrir *(anbieten, schenken)*	**craindre** *(fürchten)*	**courir** *(laufen)*	**suivre** *(folgen)*
je/j'	Présent	j'offre	je crains	je cours	je suis
nous		nous offrons	nous craignons	nous courons	nous suivons
je/j'	Imparfait	j'offrais	je craignais	je courais	je suivais
nous		nous offrions	nous craignions	nous courions	nous suivions
je/j'	Futur	j'offrirai	je craindrai	je courrai	je suivrai
nous		nous offrirons	nous craindrons	nous courrons	nous suivrons
je	Condit. présent	j'offrirais	je craindrais	je courrais	je suivrais
nous		nous offririons	nous craindrions	nous courrions	nous suivrions
je/j'	Condit. passé	j'aurais offert	j'aurais craint	j'aurais couru	j'aurais suivi
nous		nous aurions offert	nous aurions craint	nous aurions couru	nous aurions suivi
je/j'	Passé composé	j'ai offert	j'ai craint	j'ai couru	j'ai suivi
nous		nous avons offert	nous avons craint	nous avons couru	nous avons suivi
je/j'	Plus-que-parfait	j'avais offert	j'avais craint	j'avais couru	j'avais suivi
nous		nous avions offert	nous avions craint	nous avions couru	nous avions suivi

		conduire *(fahren/lenken)*	**s'en aller** *(weggehen)*	**s'enfuir** *(fliehen)*	**battre** *(schlagen)*
tu	Présent	tu conduis	tu t'en vas	tu t'enfuis	tu bats
ils		ils conduisent	ils s'en vont	ils s'enfuient	ils battent
tu	Imparfait	tu conduisais	tu t'en allais	tu t'enfuyais	tu battais
elles		elles conduisaient	elles s'en allaient	elles s'enfuyaient	elles battaient
tu	Futur	tu conduiras	tu t'en iras	tu t'enfuiras	tu battras
ils		ils conduiront	ils s'en iront	ils s'enfuiront	ils battront
tu	Condit. présent	tu conduirais	tu t'en irais	tu t'enfuirais	tu battrais
elles		elles conduiraient	elles s'en iraient	elles s'enfuiraient	elles battraient
tu	Condit. passé	tu aurais conduit	tu t'en serais allé(e)	tu te serais enfui(e)	tu aurais battu
ils		ils auraient conduit	ils s'en seraient allés	ils se seraient enfuis	ils auraient battu
tu	Passé composé	tu as conduit	tu t'en es allé(e)	tu t'es enfui(e)	tu as battu
elles		elles ont conduit	elles s'en sont allées	elles se sont enfuies	elles ont battu
tu	Plus-que-parfait	tu avais conduit	tu t'en étais allé(e)	tu t'étais enfui(e)	tu avais battu
ils		ils avaient conduit	ils s'en étaient allés	ils s'étaient enfuis	ils avaient battu

Klettbuch 522395 Découvertes–Cours Intensif, Face à Face 2. © Ernst Klett Verlag GmbH, Stuttgart 2000.
Von diesen Vorlagen ist die Vervielfältigung für den eigenen Unterrichtsgebrauch gestattet. Die Kopiergebühren sind abgegolten.

L 6 B

nom: classe: date:

Frage-Antwort-Karten: Temps et modes

1. Schneidet die Frage-Antwort-Karten aus und mischt sie mit der Schrift nach unten auf eurem Tisch.
2. **Partner A** zieht eine Karte, stellt **Partner B** nacheinander die fett gedruckten Aufgaben und kontrolliert dessen Antwort mithilfe der Lösung in Klammern. Beantwortet er die Frage richtig, erhält er die Karte. Wenn nicht, zeigt ihm **Partner A** die Lösung und legt die Karte wieder unter den Stapel, damit sie zu einem späteren Zeitpunkt noch einmal bearbeitet werden kann.
3. Danach zieht **Partner B** seinerseits eine Karte und stellt die Fragen an **Partner A**. Weiteres Vorgehen siehe oben.

Il aurait offert. **Welcher Modus? Welche Zeit?** (Conditionnel passé) **Übersetzung?** (Er hätte angeboten/geschenkt.)	s'en aller **Présent: nous …** (nous nous en allons) **Passé composé: tu …** (tu t'en es allé) **Conditionnel présent: vous …** (vous vous en iriez)	Vous aviez suivi. **Welche Zeit?** (Plus-que-parfait) **Übersetzung?** (Ihr wart gefolgt.)
courir **Conditionnel présent: il …** (il courrait) **Plus-que-parfait?** (il avait couru)	Wir wären geflohen. (Nous nous serions enfuis.) **Welcher Modus? Welche Zeit?** (Conditionnel passé)	Vous vous seriez enfuis. **Welcher Modus? Welche Zeit?** (Conditionnel passé) **Übersetzung?** (Ihr wärt geflohen.)
Wir waren weggegangen. **Übersetzung?** (Nous nous en étions allés.) **Ich werde weggehen.** (Je m'en irai.)	craindre **Plus-que-parfait: vous …** (vous aviez craint) **Tu …** (tu avais craint) **Futur simple** (tu craindras)	Elle courra. **Welche Zeit?** (Futur simple) **Dieselbe Form im Passé composé: …** (Elle a couru.)
Nous offrirons. **Übersetzung?** (Wir werden anbieten/schenken.) **Er hat angeboten/geschenkt.** (Il a offert.)	Wir wären weggegangen. (Nous nous en serions allés.) **Welcher Modus? Welche Zeit?** (Conditionnel passé) **Sie ist weggegangen.** (Elle s'en est allée.)	conduire **Présent: nous …** (nous conduisons) **Futur simple: tu …** (tu conduiras) **Plus-que-parfait: vous …** (vous aviez conduit)
Wir werden weggehen. (Nous nous en irons.) **Geh weg!** (Va-t-en!) **Haut ab!** (Allez-vous-en!)	Il craindrait. **Welcher Modus? Welche Zeit?** (Conditionnel présent) **Dieselbe Form im Imparfait: …** (Il craignait.)	s'en aller **Passé composé: elle …** (elle s'en est allée) **Futur simple: tu …** (tu t'en iras) **Conditionnel passé: nous …** (nous nous en serions allés)

nom: classe: date: **L 5 A**

Tandembogen: Interviews

Stellt euch vor, dass ihr im gleichen TGV wie Familie Peyrac, Marine und Aziz sitzt. Ihr stellt ihnen Fragen.

Übt zu zweit.
1. Entscheidet zunächst, wer mit der **A-Seite** und wer mit der **B-Seite** übt.
2. Lest euch gemeinsam das erste Beispiel durch, um den Ablauf der Übung zu verstehen. Partner A (grau unterlegtes Feld) stellt die Frage und kontrolliert die Antwort mithilfe der Lösung in Klammern. Partner B antwortet auf die Fragen, indem er **Adjektiv** oder **Adverb** einsetzt. Danach wechselt das Frage-Recht.
3. Faltet den Bogen entlang der senkrechten Mittellinie.
4. Wechselt die Rollen nach einem Durchgang.

Ⓐ	Ⓑ
– Alors, M. et Mme Peyrac, pourquoi est-ce que vous avez pris le TGV? (Parce que le TGV est **confortable** et parce que nous voyageons **gratuitement**.)	Parce que le TGV est _____ et parce que nous voyageons _____ . (confortable / gratuit)
– Comment est-ce que vous arrivez à votre maison de campagne? (Nous avons un voisin très **gentil** qui vient nous chercher à la gare **normalement**.)	Nous avons un voisin très _____ qui vient nous chercher à la gare _____ . (gentil / normal)
– Et pourquoi est-ce que vous y allez pour un week-end? (Parce que là, nous sommes **indépendants**. Le week-end, nous aimons vivre **différemment**, nous aimons la vie **tranquille** à Lacanau.)	Parce que là, nous sommes _____ . Le week-end, nous aimons vivre _____ , nous aimons la vie _____ à Lacanau. (indépendant / différent / tranquille)
Eh bien, je suis _____ maintenant , mais la vie n'est pas _____ pour moi. Ça va plutôt _____ et je voudrais vivre _____ . (indépendant / facile / mauvais / autre)	– Bonjour Marine, vous élevez votre fils seule. Voulez-vous nous parler de votre vie? (Eh bien, je suis **indépendante** maintenant, mais la vie n'est pas **facile** pour moi. Ça va plutôt **mal** et je voudrais vivre **autrement**.)
(Comme je cherche un emploi plus _____ et comme mes parents me manquent _____ , je voudrais _____ quitter Paris pour vivre en province.) (passionnant / énorme / absolu)	– Mais qu'est-ce que vous voulez faire? (Comme je cherche un emploi plus **passionnant** et comme mes parents me manquent **énormément**, je voudrais **absolument** quitter Paris pour vivre en province.)
– M. Baouti, comment avez-vous payé vos études? (Eh bien, je voulais devenir médecin, mais c'était **vraiment difficile**. J'ai dû faire **énormément** de jobs pour payer mes études. **Heureusement**, j'ai maintenant un très bon emploi à l'Institut Pasteur.)	Eh bien, je voulais devenir médecin, mais c'était _____ _____ . J'ai dû faire _____ de jobs pour payer mes études. _____ , j'ai maintenant un très bon emploi à l'Institut Pasteur. (vrai / difficile / énorme / heureux)
– Vous êtes Algérien. Est-ce que ça vous pose parfois des problèmes? (**Normalement**, je n'ai pas de problème. J'ai trouvé des amis **sympatiques**. Mais quelquefois dans le métro, les gens ne sont pas très **polis**, ils me regardent **méchamment**, et c'est **triste**.)	_____ , je n'ai pas de problème. J'ai trouvé des amis _____ . Mais quelquefois dans le métro, les gens ne sont pas très _____ , ils me regardent _____ , et c'est _____ . (normal / sympathique / poli / méchant / triste)

L 5 A

nom: classe: date:

Tandembogen: Des noms dont tu te souviens

Übt zu zweit.
1. Entscheidet zunächst, wer mit der **A-Seite** und wer mit der **B-Seite** übt.
2. Lest euch gemeinsam die ersten Beispiele durch, um den Ablauf der Übung zu verstehen.
3. Der Fragesteller (grau unterlegte Felder) füllt die Lücken mit einem der **Relativpronomen qui, que, où, dont**.
   Der Partner kontrolliert und errät den Namen, den wiederum der Fragesteller kontrolliert.
   Lest euch gemeinsam das erste Beispiel durch, um den Ablauf der Übung zu verstehen.
4. Faltet den Bogen entlang der senkrechten Mittellinie.
5. Wechselt die Rollen nach einem Durchgang.

(A)	(B)
C'est le héros d'une BD _____ les idées sont géniales, mais _____ se terminent toujours par des catastrophes. Comment s'appelle le garçon _____ je parle ? (C'est Gaston Lagaffe.)	(C'est le héros d'une BD **dont** les idées …, mais **qui** se terminent toujours par … Comment s'appelle le garçon **dont** je parle?)
(C'est un chanteur **qui** fait du reggae et **dont** tu connais la chanson «Il marche seul», qui parle d'un SDF.)	C'est un chanteur _____ fait du reggae et _____ tu connais la chanson «Il marche seul», _____ parle d'un SDF. Qui est-ce? (C'est Tonton David.)
Est-ce que tu te souviens du dessinateur _____ les dessins avaient étonné les directeurs artistiques et _____ avait quitté le lycée pour faire des études artistiques? (C'est Frank Margerin.)	(… du dessinateur **dont** les dessins … et **qui** avait quitté le lycée …?)
(… le titre du roman **dont** le héros, **qui** rêve de s'acheter …)	Quel est le titre du roman _____ le héros, _____ rêve de s'acheter un magnétoscope, veut devenir baby-sitter? (C'est «Baby-sitter blues».)
L'auteur _____ tu dois trouver le nom est une femme _____ s'intéresse aux jeunes et _____ écrit pour eux. Un de ses romans, _____ tu connais, s'appelle «Baby-sitter blues». Qui est-ce? (C'est Marie-Aude Murail.)	(L'auteur **dont** tu dois trouver … une femme **qui** s'intéresse aux jeunes et **qui** écrit pour eux. Un de ses romans, **que** tu connais, s'appelle «Baby-sitter blues».)
(C'est un homme **qui** est passionné par l'écologie et **dont** le rêve est de protéger l'environnement. Il contrôle les entreprises **qui** font de la pollution.)	C'est un homme _____ est passionné par l'écologie et _____ le rêve est de protéger l'environnement. Il contrôle les entreprises _____ font de la pollution. Quel est son métier? (C'est un conseiller en environnement.)
La femme _____ je parle travaille dans un centre d'accueil pour les gens _____ n'ont pas de travail. Quel est son métier? (Elle est assistante sociale.)	(La femme **dont** je parle … pour les gens **qui** n'ont pas …)
(C'est le pays **où** est né Aziz Baouti et **qu'**il a quitté avec sa famille.) Comment s'appelle le pays d'**où** il est parti?	C'est le pays _____ est né Aziz Baouti et _____ il a quitté avec sa famille. Comment s'appelle le pays d'_____ il est parti? (C'est l'Algérie.)

nom: classe: date: **L 5 B**

Dictée en ping-pong

Übt zu zweit. Ihr schreibt ein **Ping-Pong-Diktat**.
1. Faltet den Bogen entlang der senkrechten Mittellinie.
2. Diktiert euch im Wechsel die Texte in den grau unterlegten Feldern. Lest dabei immer zunächst den ganzen Satz vor, diktiert ihn danach in kleineren Abschnitten.
3. Wenn der Bogen ganz ausgefüllt ist, tauscht die Bögen aus, klappt den Bogen auf und korrigiert den Teil, den euer Partner geschrieben hat.
4. In einem zweiten Durchgang wechselt ihr die Seite eures Bogens und lasst euch von eurem Partner den Teil diktieren, den ihr selbst zuvor diktiert habt. Die Kontrolle erfolgt wie oben beschrieben.

Ⓐ	Ⓑ
Momo et Bernadette viennent de deux familles différentes. La famille de Momo ne réussit pas à joindre les deux bouts.	
	C'est pourquoi les enfants volent des sacs à main. Les cartes d'identité, les porte-monnaie et les carnets de chèques qu'ils y trouvent, ils les jettent.
Bernadette vient d'une famille bourgeoise. Elle est dans une école privée et va à l'église tous les dimanches. Evidemment, elle ne connaît pas d'enfants sales et mal élevés.	
	Un jour, les deux familles apprennent qu'une infirmière a échangé Bernardette et Momo le jour de leur naissance.
Alors, Momo va vivre dans la famille de Bernadette et réussit facilement à changer d'identité, mais Bernadette ne va pas réagir aussi bien que Momo.	
	C'est pourquoi sa famille achète le silence de la famille Groseille. Mais un jour, Momo apprend la vérité à Bernadette.

L 5 B

nom:　　　　　　　　　　　　　　　　classe:　　　date:

Tandembogen: On mange au restaurant

Übt zu zweit.
1. Entscheidet zunächst, wer mit der **A-Seite** und wer mit der **B-Seite** übt.
2. Lest eurem Partner die Texte in den grau unterlegten Feldern vor und füllt die Lücken durch ein **Adverb**, einen **Komparativ** oder einen **Superlativ des Adverbs** aus. Achtet dabei darauf, dass die Adjektive in Adverbien umgewandelt werden müssen. Kontrolliert die Fragen und Antworten mit Hilfe der Lösungen in Klammern. Achtet auf die Symbole in folgendem Kasten.
3. Faltet den Bogen entlang der senkrechten Mittellinie.
4. Wechselt die Rollen nach einem Durchgang.

− / +	bedeutet:	**moins / plus**	+ (Adverb) + que oder nur (Adverb)
=	bedeutet:	**aussi**	+ (Adverb) + que oder nur (Adverb)
−− / ++	bedeutet:	**le moins / le plus**	+ (Adverb)

Ⓐ	Ⓑ
(Au Mac Do, on mange **plus rapidement**, mais **moins bien**. Au restaurant, on peut discuter **plus tranquillement**.)	− Où est-ce qu'on mange ce soir? Au Mac Do, on mange (+) (rapide) _____ , mais (−) (bon) _____ . Au restaurant, on peut discuter (+) (tranquille) _____ .
− Alors, on va au restaurant. J'en connais plusieurs. Au restaurant «Chez Serge», on ne mange pas (mauvais) _____ . Au «Mondial», on mange (−) (bon) _____ , mais le chef vous sert (+) (gentil) _____ et les clients sont très sympa. C'est au «Cidre doux» qu'on mange (++) (bon) _____ , mais c'est le restaurant le plus cher.	(Au restaurant «Chez Serge», on ne mange pas **mal**. Au «Mondial», on mange **moins bien**, mais le chef vous sert **plus gentiment** et les clients sont très sympa. C'est au «Cidre doux» qu'on mange **le mieux**, mais c'est le restaurant le plus cher.)
(Moi, je trouve qu'on mange **moins bien** au «Cidre doux» **qu'**au «Mondial». Et pourquoi est-ce que nous ne faisons pas la cuisine ensemble? A la maison, on mange **aussi bien qu'**au restaurant et on peut parler ensemble **plus longuement qu'**au restaurant.)	− Moi, je trouve qu'on mange (−) (bon) _____ au «Cidre doux» _____ au «Mondial». Et pourquoi est-ce que nous ne faisons pas la cuisine ensemble? A la maison, on mange (=) (bon) _____ au restaurant et on peut parler ensemble (+) (long) _____ au restaurant.
− Tu as raison. Si Sylvie et Nathalie font la cuisine, on mange même (+) (bon) _____ à la maison _____ au restaurant. Mais ce qui est (−) (bon) _____ , c'est qu'on doit faire la vaisselle et ranger la cuisine après.	(Si Sylvie et Nathalie font la cuisine, on mange même **mieux** à la maison **qu'**au restaurant. Mais ce qui est **moins bien**, c'est qu'on doit faire la vaisselle et ranger la cuisine après.)
(Mais si tu demandes **gentiment** à David et André, ils vont faire la vaisselle. Et ils vont la faire **mieux que** nous.)	− Mais si tu demandes (gentil) _____ à David et André, ils vont faire la vaisselle. Et ils vont la faire (+) (bon) _____ que nous.
− Là, vous exagérez. Vous pouvez faire la vaisselle (=) (bon) _____ eux. Mais on va la faire ensemble (++) (rapide) _____ possible.	(Là, vous exagérez. Vous pouvez faire la vaisselle **aussi bien qu'**eux. Mais on va la faire ensemble **le plus rapidement** possible.)

24 vingt-quatre

nom: classe: date: **L 6 B**

Puzzle: Dans les calanques

Arbeitet zu zweit.
1. Schneidet die einzelnen Karten aus.
2. Bildet aus jeweils zwei grau unterlegten Satzteilen einen Satz, indem ihr sie mit einer **Präposition** und einem **Relativpronomen** (lequel/laquelle/lesquels/lesquelles) oder einer **zusammengesetzten Form** (auxquelles/dont) verbindet. Achtet dabei auf den Sinn des gesamten Satzes.
3. Kontrolliert eure Sätze mithilfe der **Lösungen**.

Il fait chaud. Alors, Laure et Simon cherchent un arbre …		sous	… se trouvent trois plongeurs.		dans	… un reste à bord.
Les plongeurs ont une chaîne …		lesquels	… s'intéressent les plongeurs.		lequel	Laure cherche le sac d'Anaïs …
Dans les calanques, il y a des rochers …		avec	… ils pourraient remonter des amphores.		dont	… on peut bien faire de l'escalade.
Après le repas du soir, les jeunes retournent à la plage …		lesquelles	… se trouvent des pommes.		laquelle	Au sud-est de Marseille, on trouve des amphores …
Ils voient un bateau …		duquel	Les plongeurs cherchent peut-être des amphores …		à bord	… il y a leur campement et ils vont se coucher.
… ils peuvent se protéger du soleil.		dans	avec		lequel	… on peut gagner beaucoup d'argent au marché noir.
Sur le bateau, il y a trois plongeurs …		près de	auxquelles		laquelle	

L 6 B

nom: classe: date:

Tandembogen: Donner son avis

Übt zu zweit.
1. Faltet den Bogen entlang der senkrechten Mittellinie.
2. Entscheidet zunächst, wer mit der **A-Seite** und wer mit der **B-Seite** übt.
3. Versetzt euch in die Situation von Laure und Simon und führt einen Dialog. Achtet dabei auf die deutschen Vorgaben zum Thema „**seine Meinung äußern**" in Klammern (grau unterlegte Felder).
   Diese sollt ihr ns Französische übertragen. Sprecht dabei immer aus eurer persönlichen Perspektive.
4. Kontrolliert euch gegenseitig mithilfe der fett gedruckten Lösungen.
5. Wechselt die Rollen nach einem Durchgang.

Ⓐ	Ⓑ
Laure:	Simon:
On fait de l'escalade?	
D'un côté, j'ai envie d'en faire, **d'un autre côté**, je trouve qu'il …	Je ne sais pas. (Einerseits) j'ai envie d'en faire, (andererseits) je trouve qu'il fait trop chaud aujourd'hui.
(Du findest, dass Simon übertreibt.) On peut se baigner après l'escalade.	**Je trouve que tu exagères.** On peut se baigner après l'escalade.
Je suis d'accord avec toi. C'est une bonne idée. Mais qui reste ici pour préparer …	(Du bist einverstanden mit Laure.) C'est une bonne idée. Mais qui reste ici pour préparer le repas de midi ? Toi peut-être, Laure ?
Là, (du bist mit Simon nicht einverstanden. Deiner Meinung nach …), nous devons faire la cuisine ensemble après l'escalade.	**Là, je ne suis pas d'accord avec toi. A mon avis**, nous devons faire la cuisine ensemble après l'escalade.
Tu as raison. Mais attends, **je voudrais parler d'autre chose.** Regarde les plongeurs là-bas avec leur bateau. **Je crois** qu'ils veulent voler des amphores.	(Du sagst, sie habe Recht.) Mais attends, (du möchtest von etwas anderem sprechen.) Regarde les plongeurs là-bas avec leur bateau. (Du glaubst) qu'ils veulent voler des amphores.
(Du bist seiner Meinung.) Alors, il faut appeler la police.	**Je suis de ton avis.** Alors, il faut appeler la police.
Non, **je suis contre.** Essayons d'abord de voir s'ils cherchent …	Non, (du bist dagegen.) Essayons d'abord de voir s'ils cherchent vraiment des amphores.
(Du gibst ihm Recht.) Mais (andererseits), s'ils remontent des amphores, il sera peut-être trop tard.	**Tu as raison.** Mais **d'un autre côté,** s'ils remontent des amphores, il sera peut-être trop tard.

nom: classe: date: **L 6 B**

Auto-contrôle: Verbtraining als Folientraining

Hinweis für den Unterrichtenden!
Das Raster mit den Verb-Paradigmata wird auf Folie kopiert und über OHP an die Projektionswand geworfen. Die Schüler der gesamten Lerngruppe arbeiten daraufhin gleichzeitig. Diese Übung kann mehrfach wiederholt werden und eignet sich auch sehr gut zum „Aufwärmen" zu Beginn der Stunde.

1. **Partner A** setzt sich mit dem Rücken zur Folie. **Partner B** schaut auf die Folie, um kontrollieren zu können, ob **Partner A** die richtigen Verb-Formen nennt.
2. **Partner B** nennt ein **Verb**, ein **Pronomen** und **die Zeit**, z. B. „suivre – vous – Plus-que-parfait".
   Partner A nennt daraufhin die **Verbform** im Plus-que-parfait, also „vous aviez suivi".
3. Danach gibt **Partner B** entweder ein **anderes Pronomen** (z. B. „je" = „j'avais suivi"), eine **andere Zeit** (z. B. Passé composé: „j'ai suivi") oder ein **anderes Verb** (z. B. „offrir" = „vous aviez offert") an.
   Partner A antwortet darauf mit der jeweiligen Verbform.
4. Nach zehn Verbformen wechseln die Partner die Plätze und die Rollen.

-------------------- *(Hier den oberen Abschnitt abknicken.)* --------------------

Folien-Kopiervorlage

		offrir *(anbieten, schenken)*	craindre *(fürchten)*	courir *(laufen)*	suivre *(folgen)*
je/j'	Présent	j'offre	je crains	je cours	je suis
nous		nous offrons	nous craignons	nous courons	nous suivons
je/j'	Imparfait	j'offrais	je craignais	je courais	je suivais
nous		nous offrions	nous craignions	nous courions	nous suivions
je/j'	Futur	j'offrirai	je craindrai	je courrai	je suivrai
nous		nous offrirons	nous craindrons	nous courrons	nous suivrons
je	Condit. présent	j'offrirais	je craindrais	je courrais	je suivrais
nous		nous offririons	nous craindrions	nous courrions	nous suivrions
je/j'	Condit. passé	j'aurais offert	j'aurais craint	j'aurais couru	j'aurais suivi
nous		nous aurions offert	nous aurions craint	nous aurions couru	nous aurions suivi
je/j'	Passé composé	j'ai offert	j'ai craint	j'ai couru	j'ai suivi
nous		nous avons offert	nous avons craint	nous avons couru	nous avons suivi
je/j'	Plus-que-parfait	j'avais offert	j'avais craint	j'avais couru	j'avais suivi
nous		nous avions offert	nous avions craint	nous avions couru	nous avions suivi
		conduire *(fahren/lenken)*	s'en aller *(weggehen)*	s'enfuir *(fliehen)*	battre *(schlagen)*
tu	Présent	tu conduis	tu t'en vas	tu t'enfuis	tu bats
ils		ils conduisent	ils s'en vont	ils s'enfuient	ils battent
tu	Imparfait	tu conduisais	tu t'en allais	tu t'enfuyais	tu battais
elles		elles conduisaient	elles s'en allaient	elles s'enfuyaient	elles battaient
tu	Futur	tu conduiras	tu t'en iras	tu t'enfuiras	tu battras
ils		ils conduiront	ils s'en iront	ils s'enfuiront	ils battront
tu	Condit. présent	tu conduirais	tu t'en irais	tu t'enfuirais	tu battrais
elles		elles conduiraient	elles s'en iraient	elles s'enfuiraient	elles battraient
tu	Condit. passé	tu aurais conduit	tu t'en serais allé(e)	tu te serais enfui(e)	tu aurais battu
ils		ils auraient conduit	ils s'en seraient allés	ils se seraient enfuis	ils auraient battu
tu	Passé composé	tu as conduit	tu t'en es allé(e)	tu t'es enfui(e)	tu as battu
elles		elles ont conduit	elles s'en sont allées	elles se sont enfuies	elles ont battu
tu	Plus-que-parfait	tu avais conduit	tu t'en étais allé(e)	tu t'étais enfui(e)	tu avais battu
ils		ils avaient conduit	ils s'en étaient allés	ils s'étaient enfuis	ils avaient battu

Klettbuch 522395 Découvertes–Cours Intensif, Face à Face 2. © Ernst Klett Verlag GmbH, Stuttgart 2000.
Von diesen Vorlagen ist die Vervielfältigung für den eigenen Unterrichtsgebrauch gestattet. Die Kopiergebühren sind abgegolten.

Frage-Antwort-Karten: Temps et modes

1. Schneidet die Frage-Antwort-Karten aus und mischt sie mit der Schrift nach unten auf eurem Tisch.
2. **Partner A** zieht eine Karte, stellt **Partner B** nacheinander die fett gedruckten Aufgaben und kontrolliert dessen Antwort mithilfe der Lösung in Klammern. Beantwortet er die Frage richtig, erhält er die Karte. Wenn nicht, zeigt ihm **Partner A** die Lösung und legt die Karte wieder unter den Stapel, damit sie zu einem späteren Zeitpunkt noch einmal bearbeitet werden kann.
3. Danach zieht **Partner B** seinerseits eine Karte und stellt die Fragen an **Partner A**. Weiteres Vorgehen siehe oben.

Il aurait offert.
Welcher Modus? Welche Zeit?
(Conditionnel passé)

Übersetzung?
(Er hätte angeboten/geschenkt.)

---

s'en aller
Présent: nous …
(nous nous en allons)
Passé composé: tu …
(tu t'en es allé)
Conditionnel présent: vous …
(vous vous en iriez)

Vous aviez suivi.
Welche Zeit?
(Plus-que-parfait)

Übersetzung?
(Ihr wart gefolgt.)

---

courir
Conditionnel présent: il …
(il courrait)
Plus-que-parfait?
(il avait couru)

Wir wären geflohen.
(Nous nous serions enfuis.)

Welcher Modus? Welche Zeit?
(Conditionnel passé)

Vous vous seriez enfuis.
Welcher Modus? Welche Zeit?
(Conditionnel passé)

Übersetzung?
(Ihr wärt geflohen.)

Wir waren weggegangen.

Übersetzung?
(Nous nous en étions allés.)

Ich werde weggehen.
(Je m'en irai.)

---

craindre
Plus-que-parfait: vous …
(vous aviez craint)
Tu …
(tu avais craint)
Futur simple
(tu craindras)

Elle courra.
Welche Zeit?
(Futur simple)
Dieselbe Form im Passé composé: …
(Elle a couru.)

Nous offrirons.

Übersetzung?
(Wir werden anbieten/schenken.)

Er hat angeboten/geschenkt.
(Il a offert.)

Wir wären weggegangen.
(Nous nous en serions allés.)
Welcher Modus? Welche Zeit?
(Conditionnel passé)
Sie ist weggegangen.
(Elle s'en est allée.)

---

conduire
Présent: nous …
(nous conduisons)
Futur simple: tu …
(tu conduiras)
Plus-que-parfait: vous …
(vous aviez conduit)

Wir werden weggehen.
(Nous nous en irons.)
Geh weg!
(Va-t-en!)
Haut ab!
(Allez-vous-en!)

Il craindrait.
Welcher Modus? Welche Zeit?
(Conditionnel présent)
Dieselbe Form im Imparfait: …
(Il craignait.)

---

s'en aller
Passé composé: elle …
(elle s'en est allée)
Futur simple: tu …
(tu t'en iras)
Conditionnel passé: nous …
(nous nous en serions allés)

nom: classe: date: **UM 4 A**

Auto-contrôle: Un voyage au Futuroscope

Die Schüler von M. Lepoint planen eine Reise zum Futuroscope. Natürlich gibt es viele Fragen. M. Lepoint hat seine Schüler gebeten, die Fragen an den Besucherservice des Futuroscope zu richten. Allerdings sollten sie der geschriebenen Sprache entsprechend elegant ausgedrückt sein.

1. Knicke die **Lösungsspalte nach hinten**, forme **die Fragen** mit Hilfe der **absoluten Fragestellung** um und **schreibe sie auf**.
2. Wenn du alle Fragen umgeformt hast, knicke die Lösungsspalte wieder nach vorne und **überprüfe** deine Lösungen.

	Lösungen
1. Combien de temps est-ce que le TGV met de Paris au Futuroscope?	Combien de temps le TGV **met-il** de Paris au Futuroscope?
2. Est-ce que la ville de Poitiers se trouve loin du Futuroscope?	La ville de Poitiers **se trouve-t-elle** loin du Futuroscope?
3. Est-ce que le Futuroscope est ouvert toute l'année?	Le Futuroscope **est-il** ouvert toute l'année?
4. Est-ce que le prix du billet reste le même en août et en septembre?	Le prix du billet **reste-t-il** le même en août et en septembre?
5. Est-ce que le billet permet d'entrer dans tous les cinémas?	Le billet **permet-il** d'entrer dans tous les cinémas?
6. Est-ce qu'il faut réserver quand on arrive en groupe?	**Faut-il** réserver quand on arrive en groupe?
7. Combien de visites guidées (Führungen) est-ce qu'il y a par jour?	Combien de visites guidées **y a-t-il** par jour?
8. Est-ce que les classes Futuroscope préparent aux activités du parc?	Les classes Futuroscope **préparent-elles** aux activités du parc?
9. Est-ce que les selfs du parc proposent des repas pour les jeunes?	Les selfs du parc **proposent-ils** des repas pour les jeunes?
10. Est-ce qu'il existe des hôtels pas trop chers pour les jeunes?	**Existe-t-il** des hôtels pas trop chers pour les jeunes?
11. Est-ce que le Cinéma Dynamique peut être dangereux?	Le Cinéma Dynamique **peut-il** être dangereux?

| UM 4 A | nom: | classe: | date: |

Tandembogen: Soyez tranquilles!

Ratschläge und Aufforderungen ...

1. Entscheidet zunächst, wer mit der **A-Seite** und wer mit der **B-Seite** übt.
2. Faltet den Bogen entlang der senkrechten Mittellinie.
3. **Partner A** schildert die Situation (grau unterlegte Felder), **Partner B** antwortet, indem er die Verben in Klammern in den Imperativ setzt.
4. **Partner A** kontrolliert mit Hilfe der Lösungen in Klammern.
5. Danach stellt **Partner B** die Situation dar. Weiteres Vorgehen wie oben.
6. Wechselt die Rollen nach einem Durchgang.

Ⓐ	Ⓑ
Quand l'été commence, beaucoup d'élèves n'ont plus envie de travailler. Le prof les prévient: (**Faites attention**, nous allons faire un contrôle mardi prochain.)	(faire attention), nous allons faire un contrôle mardi prochain.
(ne pas être méchant, monsieur). Mardi, nous avons déjà un contrôle de maths.	Simon n'est pas d'accord et dit au prof: (**Ne soyez pas méchant**, monsieur. Mardi, nous avons déjà un contrôle de maths.)
Le prof lui répond: (**Sois raisonnable**, tu sais que nous devons faire deux contrôles avant les vacances.)	(être raisonnable), tu sais que nous devons faire deux contrôles avant les vacances.
(se taire)	Les autres élèves parlent de la fête qu'ils veulent faire mardi soir. Ils font beaucoup de bruit. Le professeur crie: (**Taisez-vous** !)
(Mardi) Ahmed et Elodie ne disent rien. Ils ont fait une grosse faute dans leur contrôle. Le prof leur dit: (**Ne soyez pas tristes**, **préparez-vous** bien la prochaine fois.)	(ne pas être triste, se préparer bien) la prochaine fois.
(être raisonnable, s'amuser), mais (ne pas boire) d'alcool.	Avant la fête, les parents disent à leurs enfants: (**Soyez raisonnable**, **amusez-vous**, mais **ne buvez pas** d'alcool.)
Ahmed répond à son père: (**N'aie pas peur**, nous ne ferons pas de bêtises, **sois tranquille**.)	(ne pas avoir peur), nous ne ferons pas de bêtises, (être tranquille). Demain, notre classe va au musée et nous voulons tous être en forme.
(vouloir) me suivre, s'il vous plaît.	*(Le lendemain, au musée)* Lorsque la classe arrive, le guide (Museumsführer) l'attend déjà et dit : (**Veuillez** me suivre, s'il vous plaît.)
Le guide s'arrête devant un tableau et explique: (**Sachez** que vous vous trouvez devant un des plus beaux tableaux de Picasso.)	Le guide s'arrête devant un tableau et dit: (savoir) que vous vous trouvez devant un des plus beaux tableaux de Picasso.

Tandembogen: Tout ce qui a été inventé

Übt zu zweit.
1. Entscheidet zunächst, wer mit der **A-Seite** und wer mit der **B-Seite** übt.
2. Faltet den Bogen entlang der senkrechten Mittellinie.
3. **Partner A** liest einen Satz vor, **Partner B** formt den Satz mit Hilfe des **Passivs** um.
4. **Partner A** kontrolliert mit Hilfe der Lösungen in Klammern.
5. Danach liest **Partner B** einen Satz vor. Weiteres Vorgehen wie oben.
6. Wechselt die Rollen nach einem Durchgang.

A	B
En 1876, Graham Bell a inventé le téléphone. (En 1876, le téléphone **a été inventé** par Graham Bell.)	En 1876, Graham Bell a inventé le téléphone.
… on a vendu les premiers téléphones portables en 1991.	En France, on a vendu les premiers téléphones portables en 1991. (En France, les premiers téléphones portables **ont été vendus** en 1991.)
En l'an 2000, 11 millions de Français utilisent le téléphone portable. (En l'an 2000, le téléphone portable **est utilisé** par 11 millions de Français.)	… 11 millions de Français utilisent le téléphone portable.
Roland Moreno a inventé la carte à puce …	Roland Moreno a inventé la carte à puce en 1974. (La carte à puce **a été inventée** par Roland Moreno en 1974.)
L'équipe du professeur Montagnier a découvert le virus HIV en 1983. (Le virus HIV **a été découvert** par l'équipe du professeur Montagnier en 1983.)	L'équipe du professeur Montagnier a découvert le virus HIV …
Un jour, on découvrira un médicament contre le sida.	Un jour, on découvrira un médicament contre le sida. (Un jour, un médicament contre le sida **sera découvert**.)
La France a construit la première ligne de TGV en 1981. (La première ligne de TGV **a été construite** par la France en 1981.)	La France a construit la première ligne de TGV …
On a réalisé une ligne de Thalys entre …	On a réalisé une ligne de Thalys entre Paris et Cologne. (Une ligne de Thalys **a été réalisée** entre Paris et Cologne.)
On a lancé la première fusée Ariane 5 en 1996. (La première fusée Ariane 5 **a été lancée** en 1996.)	On a lancé la première fusée Ariane 5 …
Les satellites transmettent des informations …	Les satellites transmettent des informations d'un pays à l'autre. (Des informations **sont transmises** d'un pays à l'autre par les satellites.)
C'est l'armée américaine qui a inventé Internet en 1969. (Internet a été inventé par l'armée américaine en 1969.)	… l'armée américaine qui a inventé Internet …

Lösungen

S. 7: Trouvez le bon mot

1 g à l'étranger
2 a prononcer
3 b monitrice
4 k chanteurs
5 e célèbre
6 p au chômage
7 c la banlieue
8 i l'argent de poche
9 j divorcé
10 l jeunesse
11 d micro-ondes
12 n magnétoscope
13 f bébé
14 h riche
15 o terminale
16 m à pied
17 q lycée
18 t séjour linguistique
19 w côte atlantique
20 u la campagne
21 x conduite accompagnée
22 s mer
23 r seule
24 v gâteaux

S. 11: Crucimots: la BD – les CD – la télé

waagerecht: chanson
senkrecht: dessinateur
Der fehlende Buchstabe ist ein N.

1. album
2. artistiques
3. dessinateur
4. branchée
5. poétiques
6. médiathèque
7. reggae
8. télévision
9. héros
10. salon
11. change
12. chansons
13. émission
14. film
15. techno
16. passion

S. 25: Dans les calanques

Il fait chaud. Alors, Laure et Simon cherchent un arbre sous lequel ils peuvent se protéger du soleil.

Ils voient un bateau à bord duquel se trouvent trois plongeurs.

Les plongeurs ont une chaîne avec laquelle ils pourraient remonter des amphores.

Dans les calanques, il y a des rochers dans lesquels on peut bien faire de l'escalade.

Sur le bateau, il y a trois plongeurs dont un reste à bord.

Les plongeurs cherchent peut-être des amphores avec lesquelles on peut gagner beaucoup d'argent au marché noir.

Laure cherche le sac d'Anaïs dans lequel se trouvent des pommes.

Au sud-est de Marseille, on trouve des amphores auxquelles s'intéressent les plongeurs.

Après le repas du soir, les jeunes retournent à la plage près de laquelle il y a leur campement et ils vont se coucher.